梦山书系

陶行知

教育名论精要

（教师读本）

周洪宇 编

海峡出版发行集团 | 福建教育出版社

图书在版编目（CIP）数据

陶行知教育名论精要：教师读本/周洪宇编.—福州：
福建教育出版社，2016.7（2023.4重印）
　ISBN 978-7-5334-7198-9

　Ⅰ.①陶…　Ⅱ.①周…　Ⅲ.①陶行知（1891~1946）
—教育思想—研究　Ⅳ.①G40-092.6

中国版本图书馆CIP数据核字（2016）第098551号

Tao Xingzhi Jiaoyu Minglun Jingyao（Jiaoshi Duben）
陶行知教育名论精要（教师读本）
周洪宇　编

出版发行	福建教育出版社
	（福州市梦山路27号　邮编：350025　网址：www.fep.com.cn
	编辑部电话：0591-83727542
	发行部电话：0591-83721876　87115073　010-62024258）
出 版 人	江金辉
印　　刷	福建省金盾彩色印刷有限公司
	（福州市仓山区红江路8号浦上工业园D区24号楼　邮编：350008）
开　　本	710毫米×1000毫米　1/16
印　　张	11.75
字　　数	174千字
插　　页	2
版　　次	2016年7月第1版　2023年4月第12次印刷
书　　号	ISBN 978-7-5334-7198-9
定　　价	26.00元

如发现本书印装质量问题，请向本社出版科（电话：0591-83726019）调换。

目 录

一、教育的理想 ····1
共和精义（节选）····1
我的生活经历和今后打算——致罗素的信（节选）····3
新教育（节选）····4
五族共和与教育者之责任（节选）····6
为中国教育寻觅曙光——致王琳的信····7
今后中华民族的使命（节选）····8
创造一个四通八达的社会——致文渼的信（节选）····9
教育改进（节选）····10
为新教育而生····13

二、教育的信条 ····14
生利主义之职业教育（节选）····14
活的教育（节选）····17
女子教育在学制上占领地位之十五周年纪念····21
平民教育概论（节选）····23
中国乡村教育之根本改造····24
我们的信条····26
普及什么教育····28

　　　　我的民众教育观 …29

　　　　全民教育（节选）…31

三、生活即教育 …34

　　　　生活工具主义之教育 …34

　　　　生活即教育（节选）…36

　　　　传统教育与生活教育有什么区别 …38

　　　　生活教育之特质（节选）…39

　　　　生活教育目前的任务（节选）…41

　　　　告生活教育社同志书（节选）…43

　　　　谈生活教育——致一位朋友的信 …44

　　　　生活教育提要（节选）…46

四、社会即学校 …48

　　　　我之学校观（节选）…48

　　　　社会即学校 …50

　　　　诗的学校 …50

　　　　文化细胞 …53

　　　　育才学校的性质 …54

　　　　社会大学颂 …56

　　　　社会大学运动（节选）…60

五、教学做合一 …62

　　　　智育大纲（节选）…62

　　　　教学合一 …64

　　　　教学做合一（节选）…66

　　　　在劳力上劳心（节选）…68

　　　　艺友制的教育（节选）…69

　　　　生活教育与教学做合一对于书之根本态度 …70

两位先生的对话 ····72
　　　小先生歌 ····73

六、民主教育 ····75
　　　评学制草案标准 ····75
　　　评《分部教科书》····77
　　　民主第一 ····77
　　　民主（节选）····80
　　　民主教育（节选）····81
　　　实施民主教育的纲领（节选）····82
　　　民主教育之普及（节选）····85
　　　小学教师与民主运动 ····86

七、科学的教育 ····90
　　　教育与科学方法（节选）····90
　　　如何可以不做一个时代落伍者——致一位青年小学教师 ····92
　　　科学的生活 ····92
　　　关于科学教育——致庄泽宣的信 ····94
　　　儿童科学教育 ····96

八、创造的教育 ····99
　　　试验主义与新教育 ····99
　　　试验教育的实施 ····102
　　　教育就是生活的改造 ····104
　　　献给自由世界之创造者——《申报》六十周年纪念 ····105
　　　教劳心者劳力、教劳力者劳心 ····106
　　　创造的教育（节选）····107
　　　教育的新生（节选）····110
　　　创造宣言 ····111

创造年献诗 ⋯⋯114

九、儿童的教育 ⋯⋯116

如何使幼稚园普及 ⋯⋯116

一个教师与家长的答复——出头处要自由（节选）⋯⋯118

儿子教学做（节选）⋯⋯119

假如我重新做一个小孩 ⋯⋯120

正确的儿童观 ⋯⋯121

民主的儿童节（节选）⋯⋯122

儿童节儿歌 ⋯⋯123

儿童四大自由 ⋯⋯124

十、师范之教育 ⋯⋯125

师范生应有之观念（节选）⋯⋯125

第一流的教育家 ⋯⋯128

师范教育之新趋势（节选）⋯⋯129

师范教育的三条普遍原则 ⋯⋯131

师范教育之彻底改革（节选）⋯⋯133

实际生活是师范生的指南针 ⋯⋯134

敬赠师范生 ⋯⋯134

师范生的第一变——变个孙悟空（节选）⋯⋯136

师范生的第二变——变个小孩子（节选）⋯⋯138

十一、整个的校长 ⋯⋯141

整个的校长 ⋯⋯141

不能用人之长，便是自己之短——致马侣贤（节选）⋯⋯142

师生共生活——致姚文采 ⋯⋯143

复校长职的条件 ⋯⋯144

希望您做一位三千万人的教育厅长——致卢绍刘（节选）⋯⋯144

　　　　领导者再教育（节选）……146
　　　　自我再教育……148
　　　　百候中学复校十周年纪念……149

十二、**教师的素养**……150
　　　　学问之要素（节选）……150
　　　　春天不是读书天……151
　　　　每天四问（节选）……153
　　　　从野人生活出发……156
　　　　农夫的身手……157
　　　　捧着一颗心来　不带半根草去——致李友梅、蓝九盛等……157
　　　　教师自动进修——与小学教师谈话之三……158

十三、**教育之研究**……160
　　　　教育之新旧视乎研究……160
　　　　"伪知识"阶级（节选）……161
　　　　行是知之始……163
　　　　对中国教科书的总批评……165
　　　　思想的母亲……167
　　　　教育研究法（节选）……168

十四、**学生的精神**……170
　　　　学生自治的需要……170
　　　　施行学生自治应注意之要点……171
　　　　学生的精神（节选）……173
　　　　学做一个人……174
　　　　预备钢头碰铁钉——给吴立邦小朋友的信……176
　　　　新旧时代之学生……178
　　　　手脑相长（节选）……179

一、教育的理想

共和精义（节选）

共和与教育

吾于共和之险象，既已详言之矣。然戒险防险，思所以避之，则可；因畏险而灰心，则大不可也。避之之道唯何？曰：人民贫，非教育莫与富之；人民愚，非教育莫与智之；党见，非教育不除；精忠，非教育不出。教育良，则伪领袖不期消而消，真领袖不期出而出。而多数之横暴，亦消于无形。况自由平等，恃民胞而立，恃正名而明。同心同德，必养成于教育；真义微言，必昌大于教育。爱尔吴曰："共和之要素有二：一曰教育；二曰生计。"然教育苟良，则人民生计必能渐臻满意。可见教育实建设共和最要之手续，舍教育则共和之险不可避，共和之国不可建，即建亦必终归于劣败。罗比尔曰："吾英人第一责任，即教育为国家主人翁之众庶是已。"故今日当局者第一要务，即视众庶程度，实有不足。但其为可教，施以相当之教育，而养成其为国家主人翁之资格焉。

共和与人文之进化

共和者，人文进化必然之产物也。使宇宙万物无进化，则共和可以无现；使进化论放诸邦国社会而不准，则共和犹可以无现，无如进化非人力所能御也。进化非人力所能御，即共和非人力所能避。

（一）民智日进，自觉心生。于是觉苦思甘，觉劳思逸，觉捆缚思解脱。人不能甘之，逸之，解脱之，则亦惟思所以自助自为而已。不自由无宁死，实感情必至之现象。人而至于不惜杀身以赴其目的，则何事不可成？况此种现象最易瘴染，一夫作难，和者万人。不徒理想，诚事实也。强有力者，亦未尝不欲施愚民政策，以塞人之自觉、自治之源。无如万国交通，必群策群力，群运群智，然后方可以制胜。若恃一二人之智力，则鲜不受天然之淘汰。故不教育其群者，必受外侮，而臻于亡。况世多慈善之家，苟有不教育人民之国，则又安能阻受教人民之发生自觉心也？自觉心不可逃避，即共和不可逃避。

（二）人民相处日久，互爱心生。他人痛痒，视同切肤。民胞主义，渐以昌明。宗教家、伦理家复从而提倡之，躬行之，以为民表。耶教"天父以下皆兄弟"，孔教"四海之内皆兄弟"之义，不独深印人心，凡奉其教义者，抑且不惜披发缨冠，以趋人之急难也。故民胞主义愈膨胀，则专制荼毒愈衰微，共和主义益不能不应时而遍布于全球矣。此共和为人文进化不可逃避之结果者二。知共和之不可避，则吾人亦无容施其抵抗共和之拙计，以生建设共和之阻力，而耗国家之元气也。

原载1914年10月、11月《金陵光》第6卷第5期、第6期

我的生活经历和今后打算

——致罗素的信（节选）

亲爱的罗素①院长：

三年前，我就选择哥伦比亚大学作为自己在美国的最终目标，但此计划因经费不足而被暂搁下来。我的毕生志愿是通过教育而非武力来创建一个民主国家。在目睹了我们突然诞生的共和国的种种严重弊端之后，我坚信没有真正的公共教育就不可能有真正的共和国。去年夏天，在日内瓦湖举行的基督教青年会夏季会议上，我受到了极大的鼓舞。我毕生献身于教育行政的想法更为具体化了。遍览所有的大学，再次确认还是哥伦比亚大学师范学院对我最合适。但选择学校是一回事，有无足够财力入学是另一回事。由于我父亲1915年1月去世，整个家庭负担全都压在我的肩上，经济状况窘迫至极。幸亏在我决定进入哥大师范学院不久，我国政府便授予我部分奖学金，再加上其他资助，我才有足够的勇气起步。然而，纽约的生活费用比我预计的要贵得多。住了半年后，我便发觉囊中所有远不足以应付深造。因此，经孟禄博士（Dr. Monroe）②惠意介绍，我得以申请利文斯顿奖学金，你又慷慨地授予了我。在此，除了表示本人的衷心感谢外，我愿向您以及利文斯顿奖学金捐赠人保证：在斯特雷耶教授（Prof. Strayer）③的指导下，经过两年多的深造，我回国后将与其他教育工作者合作，为我国人民建立一套有效的公共教育体制，使之紧步美国人民的后尘，保持和发展一种真正的民主制度。它将是唯一正义与自由的现

---

① 罗素，当时的哥伦比亚大学师范学院院长。
② 孟禄，美国教育家，曾任哥伦比亚大学教授、师范学院院长。
③ 斯特雷耶，哥伦比亚大学教授，教育行政学专家，陶行知的论文指导教师。

实的理想国。

如果您能提供一些住在本市附近的捐赠人的姓名，以便我登门拜访，本人将极感兴趣。

谨致以良好的祝愿！

尊敬您的

陶文濬[1]
1916年2月16日
于哥伦比亚大学哈特莱大楼1010号
此信原件存于美国哥伦比亚大学师范学院，周洪宇翻译

新 教 育（节选）

今天得有机会，诸同志共聚一堂，研究教育，心中愉快得很。现在把关于新教育上各项要点，略些谈谈。

（一）新教育的需要　我们现在处于二十世纪新世界之中，应该造成一个新国家，这新国家就是富而强的共和国。怎样能够造成这新国家呢？固然要有好的领袖去引导平民，使他们富，使他们强，使他们和衷共济；但是虽有好的领袖，而一般平民不晓得那个领袖是好的，那个领袖是不好的，也是枉然。所以现在所需要的，是一种新的国民教育，拿来引导他们，造就他们，使他们晓得怎样才能做成一个共和的国民，适合于现在的世界。

（二）新教育的释义　先说"新"字是什么意思？某处人家因为要请客，一切设备家伙，都去向别家借用，用过之后，就去还了。这是客来则

---

[1] 陶行知原名陶文濬。

新，客去便旧了，不得为根本的新。我们中国的教育，倘若忽而学日本，忽而学德国，忽而学法国、美国，那是终究是无所适从。所以新字的第一个意义要"自新"。今日新的事，到了明日未必新；明日新的事，到了后日又未必新。即如洗澡，一定要天天洗，才能天天干净。这就是日日新的道理。所以新字的第二个意义要"常新"。又我们所讲的新，不单是属于形式的方面，还要有精神上的新。这样才算是内外一致，不偏不畸。所以新字的第三个意义要"全新"。

次说"教育"是什么东西？照杜威先生说，教育是继续经验的改造（Continuous reconstruction of experience）。我们个人受了周围的影响，常常有变化，或是变好，或是变坏。教育的作用，是使人天天改造，天天进步，天天往好的路上走；就是要用新的学理，新的方法，来改造学生的经验。

（三）新教育的目的　这目的可分两项来说明：第一对于天然界，要使学生有利用他的能力。例如，我们要使光线入室不须空气的时候，就要用玻璃窗。照这样把所有一切光、电、水、空气等，都要被我们操纵指挥。现在中国和外国物质文明的高下，都从这利用天然界能力的强弱上分别出来的。然而其中也有危险的地方，如造出许多杀人的物扰乱世界，是万万不可的。所以第二项目的，是对于群界要讲求共和主义，使人人都能自由守着自己的本分去做各种事业。一方面利用天然界，一方面谋共同幸福。可说一句，新教育的目的，要养成这种能力，再概括说起来，就是要养成"自主""自立"和"自动"的共和国民。自主的就是要做天然界之主，又要做群界之主。即如选举卖票一事，卖和不卖，到底由自己的主张。果能自主的人，富贵不淫，贫贱不移，威武不屈，人家有什么法子对付他呢？至于自立的人，在天然界群界之中，能够自衣自食，不求靠别人。但是单讲自立，不讲自动，还是没有进步，还是不配做共和国民的资格。要晓得专制国讲服从，共和国也讲服从，不过一是被动的，一是自动的，这就是他们的分别了。

原载 1919 年 9 月《教育潮》第 1 卷第 4 期

五族共和与教育者之责任（节选）

我们要想建设一个真正的五族共和，最要紧的方法有两种：一是建筑四通八达的道路，二是实行四通八达的教育。道路可以沟通物质上的需求和供给；教育可以沟通精神上的贡献和缺乏。这两件事互相为因，互相为果，实在是要同时并进，才能充分达到五族共和的目的。我们一方面希望交通界的同志对于此事加以特殊注意；一方面急于要问问自己对于五族共和的建设，应负何等责任，并宜用何种方法来担负这种责任。

我们五族同在一个国旗之下做国民，必定要有必不可缺少的精神，才能图存。我觉得这种精神，有共同不可少的，有相互不可少的。

说到共同不可少的精神，大家对于中华民国都要有彻底的了解，坚决的爱护；大家都要明白自己是中华民国的国民，有应享的权利，应尽的责任；大家都要觉得五族有共同利害，有存则共存、亡则共亡的关系。

我们五族不但对于中华民国要有共同的精神，并且彼此相待要有一种正当的精神。我们五族好比是一家五个兄弟，彼此应当相知，相爱，相敬。现在的情形是彼此隔膜，彼此仇视，彼此轻慢。这种景况断不能长久，有心人断不忍长久让他如此。拿教育的精神和方法来把五族的同胞都培养到一个相知、相爱、相敬的地位，都培养到一个亲兄弟的地位，也是我们五族教育界同志的责任。

总而言之，五族共和不是一跳就到的，中华民国也不是一呼就来的。如同一个婴儿出世一样，仅仅取了一个名字是不够的。要想婴儿成家立业，必定要用尽心血去教他、养他才行。我们教育界的同志对于五族共和的建设，是不能不参与的。这件事听来很迂阔，看来很难做，但国体如此，利害如此，我们是断断乎不能推诿的。

原载 1924 年 3 月 17 日《申报·教育与人生》第 22 期

为中国教育寻觅曙光

——致王琳的信

王琳先生：

　　前星期接到你一月二十八日的信，可算是这次过年最好的礼物，我读这封信比小孩子吃年糕还快乐。不久曹先生①从真如来信为你介绍，他的信和你的一样的感动人，真是令人喜而不寐，我本想写一封长信给你，因此就耽误了好多天。谅想你现在必定急待回信，所以只好缩短笔阵，先给你一个简短的回答。你对于《农业全书》《养鸡全书》《养羊全书》的批评，真是一针见血。纸上谈教育或农业，原来与纸上谈兵一样，何能发生效力？你说"洋八股"依旧是一个"国粹"老八股，离开整个生活，以干禄为目的，也是千真万真的。我们现在要打倒的就是这八股教育、干禄教育。我们决定再不制造书呆子和官僚绅士们。你愿意舍身从事适合于农村生活的教育，我们是十二分的欢迎，我们可以共同为中国教育寻觅曙光，为中国教育探获生路。章程详《乡教丛讯》，已于接信时寄奉，谅已收到了。

　　敬祝康乐！

陶知行上
十六、二、廿一

原载 1927 年 3 月 1 日《乡教丛讯》第 1 卷第 5 期

---

① 曹先生，即曹聚仁（1900—1972），浙江浦江人，现代著名作家。

今后中华民族的使命（节选）

我们站在教育的立场上，我们应当把教育的力量来建设新中国，我们的使命是要唤醒民众，使民众团结起来！

教育的力量与别种力量不同之点，就在教育的力量是能够达到个个民众的内心里头去的，他能够使民众自己从"心里"发出一种力量来自己团结。别的力量不能达到内里而只是外面的。他像绳一样，只能把东西捆起来，绳子一断就散了。所以我们可以说，现在国民革命还没有成功，因为中华的民众还不能自己团结起来。现在我们只有努力教育，用教育的力量来建设新中华！这是我今天所要讲的第一点。

还有第二点要说的。我们要下一个决心，用教育的力量使民众团结起来，叫日本人回到日本去。

我们晓庄学校的理想，是要用教育的力量来叫日本人自己回到日本去，是要用教育的力量来建设新中华民国！所以现在日本方面很注意我们。最近我有一位朋友新从日本回来，他说，日本人已在注意晓庄学校的理想和办法，文字方面如《支那之理想学校》等，已有几篇发表。

假使我们晓庄学校不能叫日本人停止横蛮的行动，不能叫日本人回到日本去，那么晓庄学校便算失败的。

我们要叫日本人回到日本去，并不是帝国主义的思想。因为我们只是叫日本人回到日本去，不是要压迫日本民族，打倒日本人。只叫日本人回到日本去含有两层意义：一、叫日本的坏人回到日本去重受本国的教训，不敢再到中国来害中国人；二、叫日本的好人带了民主思想和大同理论回到日本去从事日本人的心理改造，使得他们把日本民国建设好了，可以做我们的同志，通力合作的去建设大同世界。

今天我所讲的归纳起来，可以分为两点：

（一）我们要用教育的力量建设新中华；

（二）我们要用教育的力量，叫日本人回到日本去改造日本。

原载 1928 年 11 月 30 日《乡教丛讯》第 2 卷第 22 期

创造一个四通八达的社会

——致文渼的信（节选）

平民教育的宗旨是要叫种种人受平民化。一方面我们要打通层层叠叠的横阶级。如贫富、贵贱、老爷小的、太太丫头等等，素来是不通声气的，我们要把他们沟通。又一方面我们要把深沟坚垒的纵阶级打通。纵阶级的最昭著的是三教九流七十行，江南江北、浙东浙西、男男女女等等都有恶魔把他们分得太严。这种此疆彼界也非打通不可。民国九年，南京高师办第一次暑期学校的时候，胡适之、王伯秋、任鸿隽、陈衡哲、梅光迪诸先生和我几个人在地方公园里月亮地上彼此谈论志愿，我说我要用四通八达的教育，来创造一个四通八达的社会。我这几年的事业，如开办暑期学校、提倡教职员学生之互助、提倡男女同学、服务中华教育改进社，都是实行这个目的。但是大规模的实行无过于平民教育。我深信平民教育一来，这个四通八达的社会不久要降临了。

原载 1929 年 7 月上海亚东图书馆版《知行书信》

教 育 改 进（节选）

教育改进包含两方面：有关于教育方针之改进，亦有关于教育方法之改进。教育方针随思潮为转移，有因个人兴致而偶然变更者，亦有因社会大势所趋而不得不变更者。教育方法受方针之指挥约束，必须与方针联为一气。方针未定得准，方法不与方针一致，均与吾人以改进之机会。比如航海，必须先定准方向。方向不定准，无论方法如何敏捷，如何洽意，只是行错路，究不能达目的地。但空悬一方针，船身能否抵制风浪，水手是否干练勇敢，食料与燃料敷用几时，均未打算清楚，则虽有方针，亦难达到目的地。故方针不准，应当改进；方法不与方针一致，亦应改进。航海如此，办学亦应如此。

论到中国教育方针，自办新学以来已经改变五六次。此二十余年中，吾国教育方针每隔四五年即修改一次，颇不稳定，论者辄讥为无方针之教育。其实中国方在过渡时代，又当各种思潮同时交流而至，方针不易固定。即以现在而论，吾人尚在歧路上考虑。吾意不出数年，中国教育方针必须再经一次变更，此次变更后或可较为稳定。中国教育方针已经走过几层歧路，以吾观之，尚有两层最为重要之歧路。第一层，国家主义与国际主义。第二层，物质文明、精神文明与吸收物质文明而保存精神自由，并免去机械的人生观。改革固须改革，究竟如何改革方能进步，实属根本问题。

至于教育方法之改进，所包括之方面更多。就教育方法论，却有极显著之进步。如由主观的逐渐移至客观的，由盲从的移至批评的，由少数人参与的移至多数人参与的，由一时兴会所致的移至慎重考虑的，由普通人议论出来的移至专门家屡试屡验的，不由人要喜形于色。但此种趋势只属起点而已。盖今日中国之教育方法亦有两个缺点：一是方法不与方针一致，造就一人不能得一人之用；二是从外国贩来整套之理想与制度不能适合国情，不能消化，不能在人民生活上发现健全之效力。此均为吾人应绞脑筋、运身手、谋改进之急务。

以上论教育方针与方法均须改进，兹进论如何改进之道。

一、办教育者必须承认所办教育尚未尽善尽美，确有改进之可能。彼应持虚心的态度，彼应破一切成见、武断、知足。脑中积有痞块，决无改进希望。彼又应承认有问题必有解决，有困难必可胜过，只须自己努力，无一不可以改进。若听天由命，不了了之之人，决不能望其改进。彼或是被人改进，但如无人乐意为之改进，则彼之存在只属幸运而已。

二、改进教育者必须明白自己之问题，又必须明白他人解决同类问题之方法。于是调查、参观，实为改进教育之入手办法。国内调查参观之发生效力者可以择要述之：民国三年黄炎培之本国教育考察，民国十年孟禄等六人之实际教育调查，民国十二年中华教育改进社之全国教育统计调查，均为多区域、多问题之调查，影响亦甚普遍。国外教育考察，最早者为光绪二十八年吴汝纶之日本教育考察。其《东游丛录》呈上管学大臣后，对于《钦定学堂章程》自有相当影响。嗣后派遣提学使赴日考察教育，使我国教育之日本化更进一步。美国教育考察，始于民国三年。是时黄炎培为江苏教育司长，派郭秉文、陈容[①]、俞子夷三人考察欧美教育，归国后乃有南京高等师范之产生。调查、参观确已表现"改"之能力，但究竟属改进属改退，则一时颇不易定。

三、教育界共同之问题应同心协力共谋解决与改进。故教育会议乃必不可少之事。吾人要求精神之一致、经验之沟通，非有会议不可。前清之中央教育会，民国元年之临时教育会议，民国四年以来之全国省教育联合会以及中华职业教育社、中华教育改进社、中华平民教育促进会等之年会，以及去年大学院之全国教育会议，均与形成全国教育思潮、方针及进行方案有密切之关系。不但国内教育同志应有讨论之机会，国际教育同志

---

① 陈容，字主素。陶行知担任南京高师教务主任时，任该校学监。

亦应有交换意见之机会。十二年世界教育会议在旧金山举行，我国派代表出席，即思运用教育方法，以培养国际之谅解，增进国际之同情，并提倡国际之公道。吾人相信如依此慎重作去，此种会议于改进全世界之教育当有裨益。

四、调查参观仅为取别人之所知以益己之所不知，会议仅为会合各人之所知以成公众之所共知，吾人决不能藉此种方法以发现新理。不能发现新知，决不是在源头上谋改进。改进教育之原动力及发现新理之泉源，乃属试验学校之功能。我国现在足以当试验学校之名者甚少。改进教育最有效力之方法无过于以学校化学校。

五、调查必须有工具，方能明白问题之所在；试验亦必须有工具，方能考核方法为实效。此种工具名曰测验。民国十一年至十二年中华教育改进社聘麦柯博士来华，偕同北京师大、东南大学教育科及其他大学教授二十余人编造测验二十余种，可算是第一次之尝试。此种测验当然未能谓为已十分完备，十分可靠。但吾人亦不能因此谓为无用。吾人应精益求精，使之渐达尽善尽美之境地。而教育事业之改进，亦可以由此而获得相当之助力。

六、教育之学术，非可独立存在。彼立于哲学、心理学、生物学、生理学、社会学、经济学、各种学术之基础之上。故谋此种种学术之进步即所以谋教育学术之改进。教育之事业亦非可独立存在者。彼与一国政制、风俗、职业以及天然环境均有息息相关之道。故谋政制、风俗、农、工、商、交通、水利等等之进步亦即所以谋教育之改进。吾人不能专在教育上谋改进，即以为可以完全达到吾人之目的。吾人当改进教育之时，务须注意教育以外尚有许多别种事情须同时改进也。

原载1930年7月上海商务印书馆版《教育大辞书》

为新教育而生①

公朴去了，昨今两天有两方面的朋友向我报告不好的消息。如果消息确实，我会很快地结束我的生命。深信我的生命的结束，不会是育才和生活教育社之结束。我提议为民主死了一个，就要加紧感召一万人来顶补，这样死了一百个就是一百万人，死了一千个就有一千万人。死了一万个就有一万万人肯得为民主牺牲，而中华民族才活得下去。此地我们现在第一要事，是感召一万位民主战士来补偿李公朴之不可补偿之损失。只有这样才是真正的追悼。平时要以"仁者不忧，知者不惑，勇者不惧，达者不恋"的精神培养学生和我自己。有事则以"富贵不能淫，贫贱不能移，威武不能屈，美人不能动"相勉励。前几天，女青年会在沪江大学约我演讲《新中国之新教育》，我提出五项修养：一为博爱而学习，二为独立而学习，三为民主而学习，四为和平而学习，五为科学创造而学习。这些也希望大家共勉并指教。

引自《为新中国之新教育继续奋斗——致育才学校全校师生》，载 1946 年 7 月 27 日《国民公报》

---

① 篇名为编者所加。

二、教育的信条

生利主义之职业教育（节选）

自本社①标解决生计问题为进行之方针，一般学者，往往以文害辞，以辞害意，误会提倡者之本旨。推其原因，多由于不明生计二字之界说所致。唯其不明乎此，故或广之而训作生活，或狭之而训作衣食；驯至彼一是非，此一是非，议论纷纭，莫衷一是。不徒反对者得所藉口，即办学者亦无所适从。其隐为职业教育前途之障碍，良非浅鲜。孔子曰："名不正则言不顺；言不顺则事不成。"故欲职业教育之卓著成效，必自确定一正当之主义始。

夫职业教育之成效既有赖于正当之主义，则问何谓正当之主义，生活乎？衣食乎？抑生活衣食之外别有正当之主义乎？

生活主义包含万状，凡人生一切所需皆属之。其范围之广，实与教育等。有关于职业之生活，即有关于职业之教育；有关于消闲之生活，即有

---

① 本社，系指中华职业教育社。我国近代著名的职业教育团体，1917年在上海成立，主要负责人为黄炎培等。陶当时为该社特别会员。

关于消闲之教育；有关于社交之生活，即有关于社交之教育；有关于天然界之生活，即有关于天然界之教育。人之生活四，职业其一；人之教育四，职业教育其一。故生活为全体，职业为部分；教育为全体，职业教育为部分。以教育全体之生活目的视为职业教育之特别目的，则职业教育之目的何以示别于教育全体之目的，又何以示别于他种教育之目的乎？故生活之不能为职业教育独专之主义者，以其泛也。

　　生活主义固不适于职业教育之采用矣。衣食主义则何如？大凡衣食之来源有四：职业、祖遗、乞丐、盗窃是也。职业教育若以衣食为主义，彼之习赖子、乞丐、盗窃者，不亦同具一主义乎？而彼养成赖子、乞丐、盗窃者，亦得自命为职业教育家乎？此衣食主义之不适于职业教育者一也。不宁唯是，职业教育苟以衣食为主义，则衣食充足者不必他求，可以不受职业教育矣。此衣食主义之不适于职业教育者二也。且以衣食主义为职业教育之正的，则一切计划将趋于温饱之一途。此犹施舍也。夫邑号朝歌，墨翟回车；里名胜母，曾子不入。学校以施舍为主旨，则束身自好者行将见而却步矣。此衣食主义之不适于职业教育者三也。凡主义之作用，所以指导进行之方法。若标一主义不能作方法之指针，则奚以贵？故衣食之可否为职业教育之主，亦视其有无补助于职业方法之规定耳。夫学校必有师资，吾辈选择职业教员，能以衣食为其资格乎？学校必有设备，吾人布置职业教具，能以衣食为其标准乎？又试问，职业学校收录学生，可否以衣食为去取？支配课程，可否以衣食为根据？衣食主义之于职业教育方法，实无丝毫之指导性质。有之，则吾不知也。衣食既不能为职业教育方法施行之指导，则其不宜为职业教育之主义，又明矣。此衣食主义之不适于职业教育者四也。不特此也，吾人作事之目的，有内外之分。衣食者，事外之目的也；乐业者，事内之目的也。足衣足食而不乐于业，则事外虽无冻馁之虞，事内不免劳碌之患。彼持衣食以为职业教育主义者，是忽乐业之道也。此衣食主义之不适于职业教育者五也。且职业教育苟以衣食主义相号召，则教师为衣食教，学生为衣食学，无声无臭之中隐然养成一副自私之精神。美国人士视职业教育与学赚钱（Learning to earn）为一途，有识者如杜威（Dewey）先生辈，咸以其近于自私，尝为词辟之。吾国当兹民生穷蹙之际，国人已以衣食为口头禅，兴学者又从而助长其焰，吾深惧国人自私之念，将一发难厌矣。此衣食主义之不适于职业教育者六也。是故衣食主义为众弊之渊薮，欲职业教育之有利无弊，非革除衣食主义不为功。

　　衣食主义既多弊窦，生活主义又太宽泛，二者皆不适用于职业教育，然则果应以何者为正当之主义乎？曰，职业作用之所在，即职业教育主义之所在。职业以生利为作用，故职业教育应以生利为主义。生利有二种：一曰生有利之物，如农产谷，工制器是；二曰生有利之事，如商通有无，医生治病是。前者以物利群，后者以事利群。生产虽有事物之不同，然其有利于群则一。故凡生利之人，皆谓之职业界中人；不能生利之人，皆不得谓之职业界中人。凡养成生利人物之教育，皆得谓之职业教育；凡不能养成生利人物之教育，皆不得谓之职业教育。生利主义既限于职业之作用，自是职业教育之特别目的，非复如生活主义之宽泛矣，此其一。以生利主义比较衣食主义尤无弊窦之可指，故以生利主义为准绳，则不能生利之赖子、乞丐、盗窃与养成之者，皆摈于职业教育之外矣，此其二。学校既以生利为主义，则足于衣食而不能生利者无所施其遁避，此其三。父母莫不欲其子女之能生利，职业教育苟以生利为主义，自能免于施舍之性质，自好者方将督促子女入学之不暇，又何暇反加阻力乎？此其四。职业既以生利为作用，吾人果采用生利主义以办职业教育，则生利之方法，即可为职业教育方法之指针，此其五。职业教育既以养成生利人物为主义，则其注重之点在生利时之各种手续，势必使人人于生利之时能安乐其业，故无劳碌之弊，此其六。生利主义侧重发舒内力以应群需，所呈现象正与衣食主义相反。生产一事一物时，必自审曰："吾能生产乎？吾所生产之事物于群有利乎？"教师学生于不知不觉中自具一种利群之精神，此其七。不特此也，能生利之人即能得生活上一部分之幸福；而一衣一食亦自能措置裕如。不能生利之人，则虽有安富尊荣亦难长守。故唯患不能生利，不患不得生活之幸福与温饱。然则生利主义既无生活主义之宽泛，复无衣食主义之丛弊，又几兼二者之益而有之，岂非职业教育之正当主义乎？

　　职业学校，有生利之师资、设备、课程，则教之事备，学生有最适之生利才能、兴味，则学之事备。前者足以教生利，后者足以学生利。教与学咸得其宜，则国家造就一生利人物，即得一生利人物之用，将见国无游民，民无废才，群需可济，个性可舒，然后辅以相当分利之法，则富可均而民自足矣。故职业教育之主义在是，职业教育之责任在是，余之希望于教育家之采择试行者亦莫不在是。谨贡一得，聊献刍荛，幸垂教焉。

原载1918年11月3日《教育与职业》第1卷第3期

活的教育（节选）

教育可分为三部：

A. 死的教育；

B. 不死不活的教育；

C. 活的教育。

死的教育，我们就索性把它埋下去，没有指望了！不死不活的教育，我们希望它渐渐地趋于活。活的教育，我们希望它更活！

我今天且讲这活的教育。什么叫做活的教育？活的教育是什么？活的教育，正像鱼到水里鸟到树林里一样。比譬：花草到了春天受了春光、太阳光的同化和雨露的滋养，于是生长日速。活的教育，好像在春光之下，受了滋养料似的，也就能一天进步似一天。换言之，就是一天新似一天。

我现在把这活的教育，再分做三段讲：

我们教育儿童，第一步就要承认儿童是活的，要按照儿童的心理进行。还有一件最紧要的，就是：我们如果承认教育是活的，我们教育儿童，就要根据儿童的需要的力量为转移。有的儿童天资很高，他的需要力就大些；有的儿童天资很钝，他的需要力就小些。我们教育儿童，就能按他们的需要的力量若何，不能拉得一样。学校里教育儿童，不能下死规强迫一律，不但学校是要如此，就是社会上的工作亦莫不要像这样。我们人的需要力，有大有小，我们只求其能够满足他的需要就是了。所以教育儿童和承认儿童是活的，首先就要能揣摩儿童的心理。

儿童不但有需要，并且还有能力。他对于种种事体的需要有大小，他的能力亦有各种不同。我们教育儿童，就要顺导其能力去做去。比如：赛跑，这就是一件凭能力的事。这是从运动方面着想的。至于教授方面，亦多类此。设有许多儿童，同在一堂，当教授的人，就要按照各个儿童的能力去教授。我们现在既是想讲活的教育，就要知道儿童的能力是不相同的，我们要设法去辅助他，使他能力发展。

我现在再讲活的教育要些什么材料。这材料也可以分做三段说：

一、要用活的人去教活的人。我们要想草木长得茂盛，就要天天去培植他，灌溉他；我们要想交结个很活泼的朋友，就要我们自己也是活泼的。我的影响，要能感到他的身上；他的影响，也要在我身上，这才可以的。学生向前进，教员也要向前进，都要一同并进。若徒以学生前进，而教员不动，或者学生要进而教员反加以阻碍，这可谓之死的人教活的人，不能谓之活的人教活的人。

二、拿活的东西去教活的学生。我们就比如拿一件花草来教授儿童，将这花草把他解剖开，研究其中的奥妙，看他是如何构造的。小孩子对于这事，觉得是很有趣味的。我们能以这种种东西去教他，不但能引起他活泼的精神，并且还可以引起他的快乐。我们还可以拿活的环境去教他，比方太平洋里航船到美洲，本不大便利，于是就有人开了巴拿马运河；火车行山路不便，就会把山打个洞。这就是拿活的环境去作教育上材料的。我们讲活的教育，就要随时随地地拿些活的东西去教那活的学生，养成活的人材。

三、要拿活的书籍去教小孩子。书籍也有死的有活的。怎样是活的书籍？我觉得书籍所记载的，无非是人的思想和经验，那个人的思想、经验要是很高尚的，与人生很有关系的，那就可算是活的书籍。若是那著书的人思想、经验都没有什么价值，与人生没有关系，那就是死的书籍。我们教授小孩子，对于书籍的死活，就不能不慎重，所教授的书籍，要有统系的，前后都能连贯得起来，不是杂乱无章的，这才是活的教育。活的教育要拿活的书籍去教。现在还有许多教员先生们，他对书籍还不十分注意。当他初当教员的时候，也还肯买一两本书看看，到了后来，他不但不买，连从前所有的几本书，都借给人去了。这样教员，教育界中也不知道有多少。他既不能多买书看，对于一切新知识，他自然是不知道的。他既不能有新的知识，那一定没有新的教材能供给学生，只是年年爬起来卖旧货！我们现要希望教育成活的，当教员的就要多看书——多看些活的书——好去供给学生的需要，养成新而且活的学生。这就是我讲的 Education of life。

现在要讲到活的教育的方法，我可提出两个最时髦的法子就是：

(1) 设计教授法。活的教育，最好而且最时髦、最紧要的，就是总要有个目的。这我在上面也曾说到了一点。我们教授儿童，先要设定一个计划，然后一步一步地向着所计划的路上去做。若是没有个计划，那就等于一只船放到了江中没有舵，进退左右，都没有把握！倘不幸遇了一阵大风，那一定逃不了危险的！办教育的人，要能会设计，预知学生将有风潮，就先要设一方法，使那风潮却从无形中消灭，不致使他发泄。知道学生程度不齐，就要设一种计策，使之能齐，总期各方面都无损，且能获益。这种设计，各学校的情形，各有各的不同，各地方亦有各地不同，这可听大家因时制宜，我不能断定。

(2) 依计划去找实现法。这个方法大致是根据上面来的。我们订了一个计划，不能就算了事的，必定还要依照这计划去实行去。我现在可拿个浅近的事作个比譬：就如农人种豆子，他先也要订个计划，以几亩田能要几多种子，要多少肥料，又要多少人工去做，要经多少时期才能完工；什么地方种绿豆适宜些，什么地方种黄豆适宜些；还有甚地不适于种豆子，适于种山芋。这样计划了一番，然后兴工动作，按这所计划的进行，这必定是有条有理，不致乱忙；而所收的结果，也一定是很丰厚了。由此类推，办教育亦莫不是这样。无论是办大学也好，中学也好，国民小学也好，总要预先有个计划，然后依着计划去找实现。有时计划定得不好，应随时变更。我总觉得设计教授法是活的教育上最不可少的，依计划去找实现法，那更是一件要紧的事了。这就是我所讲的 Education by life。

我现在又要讲我们为什么要讲活的教育。因为活的教育，能使我们有种种活的能力。我觉得人们的身体和精神是两样的，各有各的生活。身体上的生活固然要紧，精神上的生活也是要紧的。我们总要使得我们的身体、精神，都是很健全的、愉快的。这可就算是高尚的生活，反之就是低微的生活，都是有关系于教育上的。再，怎样谓之永久和暂时的生活？我们人的寿命有长短不一，有二三十岁就死的，有七八十岁才死的，有十几岁就死的，也有八九十多岁才死的。说者多谓生死有定，但这可不能为凭。我想人的生命的长短，大致是关系于人的操作和卫生上的。从来人的死，多是由病的。考病之由来，不外两种：（一）是由人的操动过度致伤身体而殒命；（二）是由人的卫生上没有讲求，以致生出了许多毛病，终至因而送命。我们现在讲活的教育，就要明白这种关系，然后好去预防他，保护他，谋永久的生活。

活的教育，有属于抽象的，叫做精神上活的教育。比方一个人死了，他的机能死了，他的躯干倒了，他的精神是没有死，还存在空中，能使我们还受到他的影响。比如，我的精神传应着在大家身上，也可以传应到社会上去。这种传应，并是很快的。我们讲活的教育，对于这精神上的传应，也要注意，也要求活的精神。精神也有死有活的，活的精神，就是能使人感受了他，可以得到许多的教训。社会一日不死，各方面的精神传应，也是不死的。我觉得社会上受了这种精神的教育，也不知道有多少。这精神上的教育，最易感动人的，能联络一切。这就是一种活的精神的表现：我希望讲活的教育，也要把这活的精神当作活的教育里一件材料。这就是我讲的 Education for life。

原载1922年1月18—19日《时事新报·学灯》

女子教育在学制上占领地位之十五周年纪念

中国自有新的女子教育，已将近八十年；英国教士在中国创设女学，实在一八四四年；天主教士在中国开设女学，实在一八四八年；本国私人开设女学，实在一八九七年：这都是女子教育很可纪念之事。经这六十余年的酝酿，到了光绪三十三年正月二十四日，合阳历民国前五年，西历一九○七年三月八日，始颁布《女子师范学堂章程》三十六条，《女子小学堂章程》二十六条。这是第一次女子教育在学制上占领地位，更是中国女子教育可以纪念的一天。十五年来，女子教育的进步可以约举如下：

（一）女子教育到现在已与男子教育立在平等的地位。小学、中学、大学里，女子都可以得到教育。

（二）女子与男子并且可以同学。小学、大学里的男女同学，几已视为常事。教育界对于中学男女同学问题，意见虽不一致，但有好几个地方，已经在那里实行。

（三）现在中国女学生的确数我们是不能晓得清楚。就民国第四次教育统计看起来，在民国五年的时候，全国女学生占学生总数百分之四。

照上面所说的看来，中国女子教育的进步，不能算不快。这是很可以纪念的。但是，女子教育急待解决的问题正还不少。现在择其紧要的，提出几个来和大家商榷。

（一）最好的省份如江苏、山西二省，女学生只占总数百分之十二或十三；那最不发达的地方如甘肃每一百学生中得不到一个女学生；甚至如新疆省（民国五年统计）连一个女学生还没有看见报告。如何使各省都有女学生，使个个女子都能得到教育的机会，是不是我们今后的责任？

（二）别的地方我不清楚，民国十年南京的教育情形我曾经调查过。

私塾学生中女生占总数百分之十三；幼稚园女生占总数百分之五一；初等小学生女生约占总数百分之三二；高等小学生女生约占总数百分之一九；中学生女生约占总数百分之一五；高等专门大学女生约占总数百分之九，愈到高头，女生愈少。如何使各级教育女子所得教育之机会，都能平均，是不是我们今后之责任？

（三）现今社会变迁很快。女子教育与社会生活，很有许多隔阂的地方。如何改良女子教育的内容方法，使能适应进化社会之需要，是不是我们今后之责任？

（四）北京实际教育调查社①讨论教员兼课问题，多主张力革兼职制度。有人就说，如果北大、北高②不许教员兼课，北京女子高等师范就难请第一流的教员；因为女高薪额比男学校低，所以不易维持。这不但北京女子高师如此，别的女学校也有同样的困难。如何使服务女校的人和服务男校的人得同等的待遇，以促进女子教育的改良，是不是我们今后之责任？

（五）受过高等教育的女子，现在已不在少数。至少似宜有几个人担负研究女子教育的责任。这几年来，在中国女子教育上有研究的人，我只遇到一位。这一位是美国露懿士女士。这也是我们本国女子此后应当勉力担负的一种责任。

（六）各国对于普及教育最力的，无过于女子的会社。中国受过教育和现受教育的女子，总不下五十万人。此刻又当各处提倡普及教育的时候，如果每一受过教育女子发愿每年劝一幼女上学，引一老妇改良，并群策群力，组织团体，做全部的提倡事业，那女子教育必有不可限量的进步。女子教育，本是全国人民所应担负的责任，但受过教育的女子，更是当仁不能让的。

原载1922年3月《新教育》第4卷第3期

---

① 教育团体。1921年成立于北京，发起人为范源廉、严修、袁希涛、张伯苓等。1921年底，与新教育共进社、新教育杂志社组成中华教育改进社。

② 北大、北高，即北京大学和北京高等师范学校。

平民教育概论（节选）

平民教育之效能

中国现在所推行的平民教育，是一个平民读书运动。我们要用最短的时间，最少的银钱，去教一般人民读好书，做好人。我们深信读书的能力是各种教育的基础。会读书的人对于人类和国家应尽之责任，应享之权利，可以多明白些。他们读了书，对于自己生计最有关系的职业，也可以从书籍报纸上多得些改进的知识和最新的方法。一般无知识的人对于子女的教育漠不关心，若是自己会读书，就明白读书的重要，再也不肯让自己的儿女失学，所以今日之平民教育，就是将来普及教育的先声。至于顺带学些写信、记账的法子，于个人很有莫大的便利，自然是不消说了。

平民教育问题的范围

中国没有正确的统计，暂且以传说之四万万人估计，觉得平民教育这个问题之大，实可令人惊讶。照中华教育改进社估计，十二岁以上之粗识字义的人数，只有八千万人。再除开十二岁以下的小孩子约计一万万二千万人属于义务教育范围，其余之二万万人都是我们的平民教育应当为他们负责的。这二万万人有一人不会读书看报，就是我们有一份责任未尽。

下乡运动

中国以农立国，十有八九住在乡下。平民教育是到民间去的运动，就是到乡下去的运动。现在有一个方法很有效力。学校里到夏天和冬天都要放假，大多数的学生都要回到自己的村、乡里去。我们劝他们带《千字课》回家宣传平民教育。入手办法有三种：（一）是把村、乡里识字的人找来，给他们一种短期的训练，教他们如何教自己家里的人。（二）把村里不识字中之聪明的招来，每天教他们四课，同时叫他们每人回家教一课。只须一个月，他们就可读会四本书，并教毕一本。他们一面学，一面教，一个月之后都可以做乡村里的教师了。（三）大一点的乡村里总有私塾，可以劝导私塾先生采用《千字课》，并用空闲时间为乡人开班教《千字课》本。

乡村平民教育当推香山慈幼院对于西山附近乡村的规划最有系统。他以各小学为一中心点，令附近每家来一人上学，学好后回家教别人。读书之外，还教些实用的职业。我们很希望这个计划能成事实。

结语

我们的希望是：处处读书，人人明理。如照现在国人对于此事的合作和热度观察，十年之内当有相当的成效。但我们不能以普及四个月一千字的教育为满足，我们应当随国民经济能力之改进，将他们所应受之教育继长增高到能养成健全的人格时，才能安心。这是我们共同的希望，也是我们今后共同努力的方向。

原载 1924 年 10 月《中华教育界》第 14 卷第 4 期

中国乡村教育之根本改造

中国乡村教育走错了路！他教人离开乡下向城里跑，他教人吃饭不种稻，穿衣不种棉，做房子不造林；他教人羡慕奢华，看不起务农；他教人分利不生利；他教农夫子弟变成书呆子；他教富的变穷，穷的变得格外穷；他教强的变弱，弱的变得格外弱。前面是万丈悬崖，同志们务须把马勒住，另找生路！

生路是什么？就是建设适合乡村实际生活的活教育。我们要从乡村实际生活产生活的中心学校；从活的中心学校产生活的乡村师范；从活的乡村师范产生活的教师；从活的教师产生活的学生，活的国民。

活的乡村教育要有活的乡村教师。活的乡村教师要有农夫的身手，科学的头脑，改造社会的精神。

活的乡村教育要有活的方法；活的方法就是教学做合一：教的法子根据学的法子，学的法子根据做的法子；事怎样做就怎样学，怎样学就怎样做。活的乡村教育要用活的环境，不用死的书本。他要运用环境里的活势力，去发展学生的活本领——征服自然改造社会的活本领。他其实要叫学生在征服自然改造社会上去运用环境的活势力，以培植他自己的活本领。

活的乡村教育，要教人生利。他要叫荒山成林，叫瘠地长五谷。他要叫农民自立、自治、自卫。他要叫乡村变为西天乐园，村民都变为快乐的活神仙。以后看学校的标准，不是校舍如何，设备如何，乃是学生生活力丰富不丰富。村中荒地都开垦了吗？荒山都造了林吗？村道已四通八达了吗？村中人人都能自食其力吗？村政已经成了村民自有、自治、自享的活动吗？

这种活的教育，不是教育界或任何团体单独办得成的，我们要有一个大规模的联合，就是教育与农业携手。中国乡村教育之所以没有实效，是因为教育与农业都是各干各的，不相闻问。教育没有农业，便成为空洞的教育，分利的教育，消耗的教育。农业没有教育，就失了促进的媒介。倘有好的乡村学校，深知选种调肥、预防虫害之种种科学农业，做个中心机关，农业推广就有了根据地、大本营。一切进行，必有一日千里之势。

所以第一要教育与农业携手。那最应当携手的虽是教育与农业，但要求其充分有效，教育更须与别的伟大势力携手。教育与银行充分联络，就可推翻重利；教育与科学机关充分联络，就可破除迷信；教育与卫生机关充分联络，就可预防疾病；教育与道路工程机关充分联络，就可改良路政。

总之，乡村学校是今日中国改造乡村生活之唯一可能的中心！他对于改造乡村生活的力量大小，要看他对于各方面势力联络的范围多少而定。乡村教育关系三万万四千万人民之幸福！办得好，能叫农民上天堂；办得不好，能叫农民下地狱。我们教育界同志，应当有一个总反省，总忏悔，总自新。我们的新使命，是要征集一百万个同志，创设一百万所学校，改造一百万个乡村。

我们以至诚之意，欢迎全国同胞一齐出来，加入这个运动！赞助他发展，督促他进行，一心一德的来为中国一百万个乡村创造一个新生命。叫中国一个个的乡村都有充分的新生命，合起来造成中华民国的伟大的新生命。

原载 1927 年 1 月 1 日《乡教丛讯》第 1 卷第 1 期

我们的信条

《我们的信条》虽是我用笔写的，但不是我创的。我参观诸位先生在学校里实际的工作，心里不由人起了好多印象，积起来共有十八项，我就依着次序编成这套信条。所以这是诸位先生自己原来的信条，早已接受实行，今日只是大家共同温习一遍，并下定决心，终身奉行，始终如一。

我们从事乡村教育的同志，要把我们整个的心献给我们三万万四千万的农民。我们要向农民"烧心香"。我们心里要充满那农民的甘苦。我们要常常念着农民的痛苦，常常念着他们所想得的幸福，我们必须有一个"农民甘苦化的心"才配为农民服务，才配担负改造乡村生活的新使命。倘使个个乡村教师的心都经过了"农民甘苦化"，我深信他们必定能够叫中国个个乡村变做天堂，变做乐园，变做中华民国的健全的自治单位。这是我们绝大的机会，也就是我们绝大的责任。

我们深信教育是国家万年根本大计。

我们深信生活是教育的中心。

我们深信健康是生活的出发点，也就是教育的出发点。

我们深信教育应当培植生活力，使学生向上长。

我们深信教育应当把环境的阻力化为助力。

我们深信教法学法做法合一。

我们深信师生共生活、共甘苦，为最好的教育。

我们深信教师应当以身作则。

我们深信教师必须学而不厌，才能诲人不倦。

我们深信教师应当运用困难，以发展思想及奋斗精神。

我们深信教师应当做人民的朋友。

我们深信乡村学校应当做改造乡村生活的中心。

我们深信乡村教师应当做改造乡村生活的灵魂。

我们深信乡村教师必须有农夫的身手、科学的头脑、改造社会的精神。

我们深信乡村教师应当用科学的方法去征服自然，美术的观念去改造社会。

我们深信乡村教师要用最少的经费办理最好的教育。

我们深信最高尚的精神是人生无价之宝，非金钱所能买得来，就不必靠金钱而后振作，尤不可因钱少而推诿。

我们深信如果全国教师对儿童教育都有"鞠躬尽瘁死而后已"的决心，必能为我们民族创造一个伟大的新生命。

原载 1926 年 12 月 10 日《新教育评论》第 3 卷第 2 期

普及什么教育

这些年来教育是给镇江醋浸透了。一提起教育两个字就觉得酸溜溜的，谁也不愿把他普及。的确，教育是成了少爷、小姐、政客、书呆子的专有品。他是少爷的手杖，小姐的钻戒，政客升官的梯子，书呆子的轮回麻醉的乌烟。如果把这种教育普及出去，中华民国简直要成为一个中华少爷国，中华小姐国，中华政客国，中华书呆国。更加确切些，简直要成为一个中华少爷小姐政客书呆共和国，真要不打而自倒了。所以我们开始必得声明，我们所要普及的，不是少爷教育，不是小姐教育，不是政客教育，不是书呆子教育。我们所要普及的是：自动工学团。什么叫做自动？自动是大众自己干，小孩自己干。自动教育是教大众自己干，教小孩自己干，不是替代大众、小孩干。

什么叫做工学团？工是工作，学是科学，团是团体。说得清楚些是，工以养生，学以明生，团以保生。说得更清楚些是，以大众的工作，养活大众的生命；以大众的科学，明了大众的生命；以大众的团体的力量，保护大众的生命。工学团是一个小工场，一个小学校，一个小社会。在这里面是包含着生产的意义，长进的意义，平等互助、自卫卫人的意义。它是将工场、学校、社会打成一片，产生一个富有生活力的新细胞。

工学团可大可小，从几个人的家庭、店铺，几十个人的学校、庙宇，几百个人的村庄、监狱，几千人的工厂，几万人的军队，都可造成一个富有意义的工学团。

团不是一个机关，不是一个工学的机关。假使它只是一个工学的机关，那便成了一个半工半读的改良学校而不是工学团。团是团体，是力的凝结，力的组织，力的集中，力的共同发挥。

原载1934年2月16日《生活教育》第1卷第1期

我的民众教育观

民众教育是什么？民众教育是民众的教育，民众自己办的教育，为民众的最高利益而办的教育。换句话说：民众教育是给民众以教育，由民众来教育，为民众而教育。给民众以教育是用教育来动员民众。无论是征兵、征工、募捐、募寒衣，及一切需要民众做的事，强迫不如说服，命令不如志愿，被动不如自动。说服是教育的方法，志愿是教育的成果，自动是教育所启发的力量。所以教育是动员民众最可靠、最有效的武器。由民众来教育是用民众来动员教育。中国对教育是动员了四五十年，到如今中国教育还没有普遍的动起来。这是什么缘故呢？先生少，学生多。小众的力量不够大，推不动大众的教育。但是民众接受了知识即刻传递给别人，那就容易推动了。前进的民众来教育落后的民众，一起起来动员教育，那末教育就不能不普遍的动起来了。为民众而教育是为民众最高的利益而教育。民众最高的利益是什么呢？中国民众最高的利益，不消说得，是打倒日本帝国主义，建立一个自由平等幸福的中华民国，并和全世界反侵略之战友共同来创造一个合理公道互助的世界。所以由民众来动员教育，用教育来动员民众，以争取这最高之利益和最后之胜利，才可算是真正的民众教育。

民众教育之发展大概有三个阶段：第一个阶段是要民众。第二个阶段是要教育民众。第三个阶段是民众要教育。要民众是民众教育之基本条件。否则民众且不要，何况乎民众教育。可是单凭我们的主观或是小众的利益而办的民众教育，民众不一定接受，一直等到我们发现民众所以不接受这样"教育"的缘故，并且改变我们的方针、内容、方法，使所办民众教育适合民众的口味，然后民众才要教育。也要等候它办到民众未得它之先是如饥如渴的想念,既得它之后是向前向上的奋发,那时候民众教育才算是办得有几分谱子了。

中国已往的民众教育是害了三种病。一是偏枯病。它或是由于有意的放弃,或是由于无意的忽略以致大部分的民众是不知、不能、不可、不敢跑进民众教育的圈里来。例如老年人、女人、工人、农人、流浪儿,绝大多数是被摈于民众教育之外。我没有篇幅一一举例,只谈一谈老年人吧。假使全国的老太太都能有机会受一点像岫岩县的赵老太太、修仁县的曾大娘、歇马乡的刘太太的教育,那末对于她们的从军的儿子是有多么大的鼓励啊!假使有一点真的教育配献给她们,那末,经过她们的广播,又是有何等扩大的影响啊!然而一般民众教育者则忽视老人之重要,而口口声声的说,我们要赶快培养青年民众,老人家快要进棺材了,有什么用呢?因此,民众教育对于老年人则害了偏枯症,同样,它对于妇女、农人、工人、流浪儿都害了偏枯的症候。二是守株待兔病。民众教育者是坐在民众教育馆里等待民众来:来一个,教一个;来两个,教一双;很少自动的到老百姓的队伍里去找学生。那愿意把教育送上门去的更是凤毛麟角了。民众教育还有一个特有的病,那就是尾巴病。民众教育在已往是成了教育之尾巴,排列是尾巴,经费是尾巴尖。社会既以尾巴看待民众教育,民众教育亦不知不觉的以尾巴自居。反过来说,民众教育抬头,也可见民众之抬头。

前几天,蒋委员长巡视湘北遇见民众教育馆,必去观看,可见民众教育之被最高当局重视。

民众教育是一件大事不可小看,更不可小做。大县一二百万人,小县也一二十万人。一位民众教育馆长假使用民众来动员教育并用教育来动员民众,他和他的同志便能影响而唤起少则一二十万、多则一二百万民众,个个知道为中华民国奋斗,愿意为中华民国奋斗,能够为中华民国奋斗,则中华民国自然会活到万万年了。大家要想民众教育抬头,要想中华民国抬头,是必得认清民众教育是一件大事并且要把它当作一件大事来实践。

民众教育舘的"舘"字引起了我的注意。"舘"字从官从舍;官舍是官住的地方,好像是一个衙门。民众教育舘有变成一个衙门的危险,但要想把民众教育当作一件大事做，切不可以在衙门里做老爷。官舍还有一个意思，就是看管房子。办民众教育倘变成只看管民教舘的房子，那也嫌不够。我有意把"舘"字换个"馆"字。民众教育馆好一比是一个民众餐馆，前者管民众的文化粮食，后者管民众的身体粮食。民众餐馆要想生意好必须价廉物美招待周到不需久候，民众教育馆要想做得开，在几方面都要跟民众餐馆学学才好。但是馆子也有毛病，官食可作老爷吃饭讲。倘使办民众教育的老爷只顾着自己的饭碗，而不把精神粮食输送给老百姓，那便是大事小做了。

原载 1939 年 12 月 25 日《战时教育》第 5 卷第 4 期

全民教育（节选）

计划名称　为四万万五千万中国人民提倡民主教育的初步计划。

主持单位　生活教育社及育才学校。

指导原则

1. 民主第一。过民主生活以学民主。需要根据民主思想从根本上重建学校及学制，使民有、民治、民享的教育在中国蓬勃发展。民主不仅是治疗中国疾病的盘尼西林，而且也是输血，使中国人民有新的活力去创造一个较好的社会。

2. 全民教育。不论宗教信仰、种族、财富及所属阶级有何不同，男孩与女孩机会均等，男子与女子机会均等，成人与儿童机会均等。

3. 全面教育。心、脑、手并用。学政治、学经济、学文化相结合。健康、科学、劳动、艺术及民主将构成和谐的生活。

4. 终生教育。培养求知欲。学习为生活；生活为学习。只要活着就要学习。一旦养成学习习惯，个人就能终生进步不断。

5. 婴孩期就必须奠定民主教育的基础。或许，目前处理这问题最好、最经济的办法是通过教父母兄弟姐妹，尤其是通过教母亲、姐妹及女仆来教婴儿。

6. 认识到中国还是个农业国，必定很穷。我们必须以最低廉的价格，给民众提供有益的文化粮食。利用写字课，让 12 000 000 名普通小学生在写字课上抄大众读本。一个月以后，就有 12 000 000 本书供民众使用了。上课最好安排在白天，以节省灯油。筷子蘸水就可以在桌上练习写字。课本没有准备好，马路上的招牌也可以用来作教材。教育费用高昂就意味着没有教育或是只为极少数人的教育。

7. 社会即学校。动员社会上现有的一切可能动员的力量，学校及个人尽力为民众服务。庙宇、茶馆、监狱、兵营、商店、工厂、残废士兵医院、普通学校不上课时空出的教室，都应给识字小组及训练中心使用。八千万受过一段时间再教育的识字成人可作为教师，帮助家人及邻居进步。

8. 培养责任感、荣誉感及发自内心的与他人分享知识的迫切愿望。懂得真理的人有传递真理的责任和特权。学会一个字的人就够资格教那个字，也有责任教那个字。有了与他人分享知识的欲望，才会认为这样做是一种乐趣。

9. 根据与同胞分享真理的原则，我们开展了小先生运动，把它作为免费教育的先锋。大约 23 年前，第一位小先生进入我们的意识。从那以来，小先生已逐渐具备一些优点，这些优点对在像中国这样的国家普及教育，是必不可少的。

10. 分享真理的原则不仅产生了小先生，而且产生了传递教师。我所见到的最能干的民众教师，来自广大人民群众，来自农民、工人、工匠及商店学徒。他们一学了那么几课书，就开始不拘形式地帮助别人。换句话说，他们就成了传递教师。在这一阶段，他们最热情，其中能干的人可以成为民众最好的传递教师。

11. 重点放在农民及收复地区民众的教育上。

12. 鼓励民众边学习、边工作。决不要为一张学校毕业文凭而扔掉饭碗。

13. 无论何时何地，只要有必要，有可能，就使用罗马化文字或拉丁化文字。

14. 最充分地利用广播、电影、飞机、铁路、轮船，把"民主教育"的思想、人员及物质输送到我国最边远的角落，以便使我国最落后的地方也能尽早实现民主。

15. 鼓励人民的创造精神，资助地方试验。

16. 从群众中发现和挑选天才，把他们推荐到育才学校或其他合适的学校受特殊的、高级的训练。

17. 本计划仅限于研究、试验、训练、出版、示范、提倡及推动等活动，并向政府及其他机构提出建议，供他们参考并在全国范围内采用。

18. 与其他国家交流教育民主化进行的情况和经验。

原载 1945 年 9 月 18 日生活教育自刊 Education For All

三、 生活即教育

生活工具主义之教育

"教育以生活为中心",这句话已经成为今日学校里的口头禅。但是细考实际,教育自教育,生活自生活,依然渺不相关。这是因为什么缘故?我们先前以"老八股"不适用,所以废科举,兴学堂;但是新学办了三十年,依然换汤不换药,卖尽气力,不过把"老八股"变成"洋八股"罢了。"老八股"与民众生活无关,"洋八股"依然与民众生活无关。但是新学校何以变成"洋八股",何以与民众生活无关?这其中必有道理。

人的生活,必须是相当工具,才能表现出来。工具充分,才有充分的表现;工具优美,才有优美的表现;工具伟大,才有伟大的表现。"老八股"与"洋八股"虽有新旧之不同,但都是靠着片面的工具来表现的,这片面的工具就是文字与书本。文字与书本只是人生工具之一种,"老八股"与"洋八股"教育拿他当作人生的唯一工具看待,把整个生活都从这个小孔里表现出去,岂不要把生活剥削得皮黄骨瘦吗?文字、书本,倘能用的得当,还不失为人生工具之一;但是"老八股"与"洋八股"的学生们却不用他们来学"生",偏偏要用他们来学"死"。中国教育所以弄到山穷水尽,没得路走,是因为大家专靠文字、书本做唯一无二的工具,并且把文字、书本这个工具用错了。我们要想纠正中国教育,使他适应于中国国民全部生活之需要,第一就须承认文字、书本只是人生工具的一种,此外还有许多工具要运用来透达人生之欲望;第二就须承认我们从前运用文字、书本的方法是错的,以后要把他们用的更加得当些。

现在有一班人,开口就说:西方的物质文明比东方好,东方的精神文明比西方高。这句话初听似乎有理,我实在是百索不得其解。精神与物质接触必定要靠着工具。工具愈巧则精神愈能向着物质发挥。工具能达到什么地方即精神能达到什么地方。动物以四肢百体为工具,所以他的精神活动亦以四肢百体的力量所能达到的地方为限。人的特别本领就是不专靠自己的身体为工具。人能发明非身体的工具,制造非身体的工具,应用非身体的工具。文明人与野蛮人的最大分别就是文明人能把这些非身体的工具发明得格外多,制造得格外精巧,运用得格外普遍。有了望远镜,人的精神能到火星里去游览;有了显微镜,人的精神就能认识那叫人生痨病的不是痨病鬼乃是痨病虫。今年五月七日,第一次飞渡大西洋的飞行家林白①从德国柏林通电话到美国和他的老母谈话,是精神交通破天荒的成功,也是物质文明破天荒的成功。精神文明与物质文明是合而为一的。这合而为一的媒介就是工具。

教育是什么?教育是教人发明工具,制造工具,运用工具。生活教育教人发明生活工具,制造生活工具,运用生活工具。空谈生活教育是没有用的。真正的生活教育必以生活工具为出发点。没有工具则精神不能发挥,生活无由表现。观察一个国家或一个学校的教育是否合乎实际生活,只须看他有无生活工具;倘使有了,再进一步看他是否充分运用所有的生活工具。教育有无创造力,也只须看他能否发明人生新工具或新人生工具。中国教育已到绝境,千万不要空谈教育,千万不要空谈生活;只有发明工具,制造工具,运用工具才是真教育,才是真生活。

原载 1927 年 7 月 1 日《乡教丛讯》第 1 卷第 12 期

---

① 林白,美国著名飞行员,因单独完成横跨大西洋的不着陆飞行而享誉世界。

生活即教育（节选）

"生活即教育"这个演讲，从前我已经讲了两套，现在重提我们的老套。

第一套就是：

是生活就是教育；

是好生活就是好教育，是坏生活就是坏教育；

是认真的生活，就是认真的教育，是马虎的生活，就是马虎的教育；

是合理的生活，就是合理的教育，是不合理的生活，就是不合理的教育；

不是生活就不是教育；

所谓之"生活"，未必是生活，就未必是教育。

第二套是第二次讲的时候包括进去的，是按着我们此地的五个目标加进去的，就是：

是康健的生活，就是康健的教育，是不康健的生活，就是不康健的教育；

是劳动的生活，就是劳动的教育，是不劳动的生活，就是不劳动的教育；

是科学的生活，就是科学的教育，是不科学的生活，就是不科学的教育；

是艺术的生活，就是艺术的教育，是不艺术的生活，就是不艺术的教育；

是改造社会的生活，就是改造社会的教育，是不改造社会的生活，就是不改造社会的教育。

三、生活即教育

我今天所要说的，就是我们此地的教育，是生活教育，是供给人生需要的教育，不是作假的教育。人生需要什么，我们就教什么。人生需要面包，我们就得过面包生活，受面包的教育；人生需要恋爱，我们就得过恋爱生活，也受恋爱的教育。准此类准，照加上去：是那样的生活，就是那样的教育。

与"生活即教育"有联带关系的就是"社会即学校"。"学校即社会"也就是跟着"教育即生活"而来的，现在我也把它翻了半个筋斗，变成"社会即学校"。整个的社会活动，就是我们教育的范围，不消谈什么联络，而他的血脉是自然流通的。不要说"学校社会化"。譬如说现在要某人革命化，就是某人本来不革命的；假使某人本来是革命的，还要他"化"什么呢？讲"学校社会化"，也是犯同样的毛病。"学校即社会"，我们的学校就是社会，还要什么社会化呢？现在我还有一个比方：学校即社会，就好像把一只活泼的小鸟从天空里捉来关在笼里一样。它要以一个小的学校去把社会上所有的一切东西都吸进来，所以容易弄假。社会即学校则不然，它是要把小笼中的小鸟放在天空中，使他能任意翱翔，是要把学校的一切伸张到大自然里去。要先能做到"社会即学校"，然后才能讲"学校即社会"；要先能做"生活即教育"，然后才能讲到"教育即生活"。要这样的学校才是学校，这样的教育才是教育。

关于"生活即教育"，我现在再来补充一套。我们是现代的人，要过现代的生活，就是要受现代的教育。不要过从前的生活。也不要过未来的生活。若是过从前的生活，就是落伍；若要过未来的生活，就要与人群隔离。以前有一部书叫《明日之学校》，大家以为很时髦的，讲得很熟的。我希望乡村教师，要办今日之学校，不要办明日之学校。办今日之学校，使小学生过今日之生活，受今日之教育。

原载1930年3月《乡村教师》第9期

传统教育与生活教育有什么区别

吃人教育与生活教育有什么区别？我的意思，不如说"传统教育与生活教育有什么区别？"所谓吃人教育，就是指传统教育而言的。现在，我们可以这样说：传统教育，是吃人的教育；生活教育，是打倒吃人的教育。

传统教育怎样是吃人的教育呢？他有两种吃法：

（一）教学生自己吃自己　他教学生读死书，死读书；他消灭学生的生活力，创造力；他不教学生动手，用脑。在课堂里，只许听教师讲，不许问。好一点的，在课堂里允许问了，但他不许他出到大社会里、大自然界里去活动。从小学到大学，十六年的教育一受下来，便等于一个吸了鸦片烟的烟虫，肩不能挑，手不能提，面黄肌瘦，弱不禁风。再加以要经过那些月考、学期考、毕业考、会考、升学考等考试，到了一个大学毕业出来，足也瘫了，手也瘫了，脑子也用坏了，身体的健康也没有了，大学毕业，就进棺材。这叫做读书死。这就是教学生自己吃自己。

（二）教学生吃别人　传统教育，他教人劳心而不劳力，他不教劳力者劳心。他更说："劳心者治人，劳力者治于人。"说得更明白一点，他就是教人升官发财。发谁的财呢？就是发农人、工人的财，因为只有农人、工人才是最大多数的生产者。他们吃农人、工人血汗，生产品使农人、工人自己不够吃，就叫做吃人的教育。

生活教育与传统教育则刚刚相反：

（一）他不教学生自己吃自己　他要教人做人，他要教人生活。健康是生活的出发点，他第一就注重健康。他反对杀人的各种考试，他只要创造的考成，也就是他不教人赶考赶人死。简单地说来，他是教人读活书，活读书，读书活。

（二）他也不教学生吃别人　他不教人升官发财，他只教中国的民众起来做主人，做自己的主人，做政府的主人，做机器的主人。他教人要在劳力上劳心。即使有人出来做官，他是要来服侍农人和工人，看看有吃农人或工人的人，他要帮助农人、工人把他干掉。做官并不坏，但只要能够服侍农人、工人就是好的。他更要教人做到"工以养生，学以明生，团以保生"。说得更清楚些是：教大众以大众的工作养活大众的生命；以大众的科学明了大众的生命；以大众的团体的力量保护大众的生命。

原载 1934 年 12 月 1 日《生活教育》第 1 卷第 20 期

生活教育之特质（节选）

我现在想把生活教育的特质指出来，目的不但要使大家知道生活教育与传统教育之不同，并且要使大家知道把假的生活教育和真的生活教育分别出来。

一、生活的　生活教育第一个特点是生活的，传统的学校要收学费，要有闲功夫去学，要有名人阔佬介绍才能进去。有钱，有闲，有面子，才有书念，那末无钱，无闲，无面子的人又怎么办呢？听天由命吗？等待黄金时代从天空落下来吗？不！我们要从生活的斗争里钻出真理来。我们钻进去愈深，愈觉得生活的变化便是教育的变化。生活与生活一摩擦便立刻起教育的作用。说得正确些，是受过某种教育的生活与没有受过某种教育的生活，摩擦起来，便发出生活的火花，即教育的火花，发出生活的变化，即教育的变化。

二、行动的　生活与生活摩擦，便包含了行动的主导地位。如果行动不在生活中取得主导的地位，那末，传统教育者就可以拿"读书的生活便是读书的教育"来做他们掩护的盾牌了。行动既是主导的生活，那末，只有"为行动而读书，在行动上读书"才可说得通。我们还得追本推源的问：书是从哪里来的？书里的真知识是从哪里来的？我们是毫不迟疑的回答说："行是知之始""即行即知"，书和书中的知识都是著书人从行动中得来的。我要声明著书人和注书人抄书人是有分别。

三、大众的　少爷小姐有的是钱，大可以为读书而读书，这叫做小众教育。大众只可以在生活里找教育，为生活而教育。当大众没有解放之前，生活斗争是大众唯一的教育。并且孤立的去干生活教育是不可能的，大众要联合起来才有生活可过；即要联合起来，才有教育可受。从真正的生活教育看来，大众都是先生，大众都是同学，大众都是学生。教学做合一，即知即传是大众的生活法，即是大众的教育法。总说一句，生活教育是大众的教育，大众自己办的教育，大众为生活解放而办的教育。

四、前进的　有人说，生活既是教育，那末，自古以来便有生活，即有教育，又何必要我们去办教育呢？他这句话，分析是对的，断语是错的。我们承认自古以来便有生活即有教育，但同在一社会里，有的人是过着前进的生活，有的人过着落后的生活。我们要用前进的生活来引导落后的生活，要大家一起来过前进的生活，受前进的教育。前进的意识要通过生活才算是教人真正的向前去。

五、世界的　课堂里既不许生活进去，又收不下广大的大众，又不许人动一动，又只许人向后退不许人向前进，那末，我们只好承认社会是我们唯一的学校了。马路、弄堂、乡村、工厂、店铺、监牢、战场，凡是生活的场所，都是我们教育自己的场所，那末，我们所失掉的是鸟笼，而所得的倒是伟大无比的森林了。为着要过有意义的生活，我们的生活力是必然地冲开校门，冲开村门，冲开城门，冲开国门，冲开无论什么自私自利的人所造的铁门。所以，整个中华民国和整个世界，才是我们真正的学校咧。

六、有历史联系的　这里应该从两方面来说。第一，人类从几千年生活斗争中所得到，而留下来的宝贵的历史教训，我们必须用选择的态度来接受。但是我们要留心，千万不可为读历史而读历史。我们必须把历史的教训，和个人或集团的生活联系起来。历史教训必须通过现生活，从现生活中滤下来，才有指导生活的作用。这样经生活滤过的历史教训，可以使我们的生活倍上加倍的丰富起来。第二，中国已经到了生死关头，争取大众解放的生活教育，自有它应负的历史的使命。为着要争取大众解放，它必须要争取中华民族的解放；为着要争取中华民族的解放，它必须教育大众联合起来解决国难。因此，推进大众文化以保卫中华民国领土主权之完整，而争取中华民族之自由平等，是成了每一个生活教育同志当前所不可推却的天职了。

原载 1936 年 3 月 16 日《生活教育》第 3 卷第 2 期

生活教育目前的任务（节选）

生活教育之定义在晓庄开校前九年，我已提出，包含三部分：一是生活之教育；二是以生活影响生活之教育；三是为着应济生活需要而办之教育。用英文译出来，比较简单：Life education means an education of life, by life and for life. 关于第一部分和第三部分，洞若①同志说得很清楚，对于第二部分我想补充几句。"以生活影响生活"是怎样讲呢？我们要拿好的生活来改造坏的生活，拿前进的生活来引导落后的生活，针对着现在说，我们要拿抗战的生活来克服妥协的生活。

在抗战建国这一伟大时代中，生活教育者有什么任务，有什么贡献，我想简单的说一说。

我们有四种任务：一、力求长进，把自己的集团变成抗战建国的真力量；二、影响整个教育界共同求进，帮助整个教育界都变成抗战建国的真力量；三、参加在普及抗战建国的生活教育的大运动里面帮助全民族都变成抗战建国的真力量；四、参加在普及反侵略的生活教育的大运动里面帮

---

① 洞若，即王洞若。陶行知办晓庄师范时的学生。

助全人类都变成反侵略的真力量。

我们的理论，在战时，更显出它的优点。现在说它的可能的贡献：

一、我们认识教育只是民族大众人类解放之工具。当日本帝国主义危害我们生存的关头，生活教育者每上一课自必要问：这一课对于抗战能有多少帮助？为教育而办教育的人是不容易发出这样的疑问。

二、我们认识生活之变化才是教育之变化，便自然而然的要求真正的抗战教育，必须通过抗战生活。抗战演讲、宣传，若不通过抗战生活，我们不会承认它是真正的抗战教育。

三、我们认识社会即学校，便不会专在后方流连。我们立刻会联想到前方，联想到敌人的后方。即使在后方办学校也必然的要想，如何把教育的力量输送到前方和沦陷区域里面去。

四、我们认识人民集中的地方便是教育应到的地方，便毫不迟疑的注意到伤兵医院、难民收容所、壮丁训练处、防空壕与山洞里的教育而想去解决它。

五、我们认识集团的生活的力量大于个人的生活的力量，即认识集团的教育力量大于个人的教育力量，便毫不迟疑的帮助我们的学生团结起来，让他们自己管自己，从前的工学团和战时的集体主义的自我教育都是要贯彻这个意思。

六、我们认识"生活影响生活"以及人人都能即知即传，故不但顾到成人青年而且顾到老年人与小孩子，整个民族不分男女老少都必然的要他们在炮火中发出力量来。义勇军之母赵洪文国①老太太及台儿庄的小孩唱歌感化小汉奸为小战士，都是印证生活教育理论颠扑不灭的铁证。

七、我们认识教学做合一及在劳力上劳心为最有效之生活法亦即最有效之教育法，便自然以行动为中心而不致陷落在虚空里面。如果抗战建国是要真正的干出来，那末生活教育的理论便要求为干而看，为干而谈，为干而玩，为干而想。

八、我们认识到处可以生活即到处可以办教育。当平时学校被炸，先

---

① 赵洪文国，本名洪文国，随夫赵姓。为著名义勇军领袖赵侗之母。

生散了，学生散了，学校也跟着散了。生活教育者的学校是炸不散的，如果可以炸散，除非是先生学生一起炸死。只要有几个存在，不久归起队又是一个学校了。孩子剧团、新安旅行团便是炸不散的学校。平常的学校只要采取生活教育这一点点办法，那千千万万倒闭的学校都可以复活了。这几次的集会使我们大家对于生活教育理论有了更亲切的了解，更热烈的信仰。这了解与信仰是会发生不可思议的力量。我相信生活教育必定能够发出伟大的力量帮助打倒日本帝国主义，帮助创造一个自由平等的新中国，并且帮助创造一个和平互助的新世界。

原载1939年1月10日《战时教育》第3卷第10期

告生活教育社同志书（节选）

教育方面必定要具备几种条件才能负起这样伟大的使命。1. 教育必须是战斗的。教育不是玩具，不是装饰品，不是升官发财的媒介。教育是一种武器，是民族、人类解放的武器。2. 教育必须是生活的。一切教育必须通过生活才有效。抗战建国的生活才算是抗战建国的教育。3. 教育必须是科学的。这种教育是没有地方能抄袭得来的。我们必须运用科学的方法，根据客观情形继续不断的把它研究出来，而且，这种教育的内容也必须包含并着重自然科学与社会科学，否则不能前进。4. 教育必须是大众的。把一个半殖民地半封建的国家变成一个独立国，绝不是少数人所能办得成功。我们必须教育大众一同起来负担这个伟大的使命。5. 教育必须是计划的。我们要有一个动的计划，使人力、财力都有一个缓急轻重的总分配。从半殖民地半封建到自由平等之境要有一个继续展开的教育计划，逐步的引导我们前进。

原载1939年3月25日《战时教育》第4卷第3期

谈生活教育

——致一位朋友的信

××吾友：

接读十二月十二日手书，知道我们在重庆相左，不能见面谈一谈，那是很可惜的一件事。承你对于生活教育和生活教育者提出一些意见，我们很感谢。你所勉励我们的话，多半是对的，我们是朝着你所指示的路向不断的努力。但是你批评生活教育是有一些不正确。这不能怪你，因为如你所说，你不能把全部生活教育研究之后再提出意见。为着要答复你的好意，我想把我认为不正确的地方提出来和你谈谈。

第一，你说："生活教育者好像不懂得'真正生活教育的实现，只有在没有人剥削人的制度里存在'。"你仔细想过之后，便知道这样的看法，是机械的看法而不是发展的看法，是静态的看法而不是动态的看法，是等待的看法而不是追求的看法。你心里的理想的社会，不是从天上落下来的，而是人类依着历史发展的趋势努力创造出来的。真正的生活教育，自古以来一直存在到今天，即发展到今天，而且还要一直存在下去，发展下去而达到最高的生活即最高的教育。为着最高的目的而忘了发展的过程和为了发展的过程而忘了最高的目的，都是错误。

第二，你说："生活教育者企图不经过突变而欲达到质变。"我们没有这样的企图。除非你所遇到的是没有常识的"生活教育者"。水热到摄氏一百度，突变而为水蒸气。我们不能幻想着水蒸气而忽视了砍柴、挑水、烧锅的工作。

第三，你说："生活教育者之努力……即使能完成任务，那也只限于一部分被……提拔的'天才者'，群众是没有份的。"这"天才者"大概是指我们所选之具有特殊才能之儿童吧？他们是从难童中选来，不能说他们与民众无关。我们当然不应该为"天才"而办"天才"教育，但是，为着增加抗战建国的力量而培养特殊才能的幼苗，使他们不致枯萎夭折，也是值得做的工作。我们当然不应该教他们做人上人。但是，为着社会进步，让他们依据各人的才能志愿，学做一群人中人，而且把他们的贡献发挥出来以为民众服务，也是值得干的工作。若只注重"天才"教育而忽略一般教育，那是不可以；但是，生活教育者自始就发动普及教育运动，到近来，才感觉到具有特殊才能之儿童之被忽视而开始唤起社会之注意。我们所希望的是"从民众那里来"的"回到民众那里去"。

第四，你说："生活教育者没有把革命与教育联系起来。"这要看你心中的革命是一件什么事？你心中的联系是如何联系法？在我们看来，现在的民族解放斗争是革命的行动！我们以一个民众学术团体，对于团结、抗战建国，是用了全副精神参加，不敢有丝毫之懈怠。至于你所说，一个教育者同时应该是一个革命者，我很同意。但我希望补充一句：一个真正革命者，必然是一个真正生活教育者。即使他不承认他是一个生活教育者，按着生活教育的理论说来，他也是一个道地的生活教育者。

第五，你说你的很多朋友，大都不知道生活教育是什么，并且说生活教育的受人忽视的主要原因，是因为缺少革命的联系。生活教育之被一部分人忽视，那的确是事实，但完全归咎于缺少革命的联系，从上面说明看来，也不见得完全对。我想除我们自己力量有限外，生活教育之被人忽视，还有下述之原因：一、过生活而忽视教育的人，必然忽视生活教育。二、受教育或施教育而忽视生活的人，亦必然忽视生活教育。三、忽视民众生活而又忽视民众教育的人，固然不要生活教育而高谈革命理论，而无革命实践的象牙塔里的"革命家"，也无由知道生活教育之宝贵。

末了，你希望我们能够出版一部生活教育大纲。我们正在着手编这样一部集体创作，现在为你参考起见，我把生活教育的理论提出几个要点和你谈谈。

从定义上说，生活教育是给生活以教育，用生活来教育，为生活向前向上的需要而教育。从生活与教育的关系上说，是生活决定教育。从效力上说，教育要通过生活才能发出力量而成为真正的教育。"教学做合一"，是生活法亦即教育法。为要避去瞎做、瞎学、瞎教，所以提出"在劳力上劳心"，以期理论与实践之统一。"社会即学校"这一原则，要把教育从鸟笼里解放出来。"即知即传"这一原则，要把学问从私人的荷包里解放出来。"行是知之始，知是行之成"，是教人从源头上去追求真理。工学团或集体主义之自我教育，是在团体生活里争取自觉之进步。"教育是民族解放、大众解放、人类解放之武器。"这种教育观，是把教育从游戏场、陈列室解放出来，输送到战场上去。时间不许我细说，总之，生活教育理论，是半殖民地半封建的中国争取自由平等的教育理论。我希望你把研究之门大开起来。如果有机会，我想和你谈谈。千万不要因为一时之倒霉，少数人之不忠实，就误断一个运动的命运。

行知

二八、十二

原载 1940 年 1 月 10 日《战时教育》第 5 卷第 5 期

生活教育提要（节选）

（一）从学校到社会

学校教育的范围小，不能尽"生活教育的能事"；"学校社会化"亦是削足适履，包括不下去。只有将整个社会变成学校，主张"社会即学校"，整个的社会范围，即是整个的教育范围。那末，教育的对象丰富，教育的意义也就丰富，取之不尽，用之不竭了。

（二）从书本到生活

从前是读死书，死读书，读书死！舍书本外无教育，所以造成许许多多"书呆子"。现在要从整个生活出发，过整个的生活，受整个的教育。过做工生活，即是受做工教育。过种田生活，即是受种田教育。过康健生活，即是受康健教育。过劳动生活，即是受劳动教育。过科学生活，即是受科学教育。过艺术生活，即是受艺术教育。过社会革命生活，即是受社会革命教育。……否则，读种田的书，算不得受种田的教育；读劳动的书，算不得受劳动的教育；读康健的书，算不得受康健的教育……

（三）从教到做

从前是先生教，学生学。教而不做，不是真教；学而不做，不是真学。故教而不做，不是先生；学而不做，不是学生。在做上教，才是真教；在做上学，才是真学。真教，才是先生；真学，才是学生。这就是我们主张的"教学做合一"。

（四）从被动到自动

不能自动即是被动。被动是要受到人家的牵制，愈被动愈受牵制。牵制愈多，则民族性愈弱，国势愈危。个人能自动，则个人人格自尊。全国国民人人能自动，则国势自强，则国体自尊，莫之敢侮了。

（五）从士大夫到大众

以前教育是属于少数人的，是士大夫教育，教人升官发财的教育，没有力量的教育；甚至变成害人的教育，刮地皮的教育，吸大众膏血的教育。现在要把教育普及于大众，要把教育做水，把散沙的民族性凝合起来，团结成为伟大的中华民族力量！

（六）从轻视儿童到信仰儿童

从前的儿童，是大人的附属品、玩物、私有财产，一切没有儿童的地位。现在要信仰儿童有能力，是一个小思想家，小创造家，小建设家，只要能因势利导，他们——儿童个个都是思想自由的天使，创造的天使，建设的天使！

（七）从平面三角到立体几何

以前的教育，是从口里出来，耳朵里进去；或从眼睛里进去，又从口里出来。荀子说："小人之学也，入乎耳，出乎口。口、耳之间则四寸耳。"口耳眼之间距离各约四寸，可以算它是平面三角的教育。现在是要立体几何的教育呢！因为"生活即教育"，是有的生活要手脑联盟起来一起干，有的要用脚一起干，有的要运用全身的力量来干，才干得好，才干得出色。

原载 1947 年生活教育社自刊《陶行知先生纪念集》

47

四、社会即学校

我之学校观（节选）

　　学校的势力不小。他能教坏的变好，也能教好的变坏。他能叫人做龙，也能叫人做蛇。他能叫人多活几岁，也能叫人早死几年。

　　学校以生活为中心。一天之内，从早到晚莫非生活，即莫非教育之所在。一人之身，从心到手莫非生活，即莫非教育之所在。一校之内，从厨房到厕所莫非生活，即莫非教育之所在。学校有死的有活的，那以学生全人、全校、全天的生活为中心的，才算是活学校。死学校只专在书本上做功夫。介于二者之间的，可算是不死不活的学校。

　　学校是师生共同生活的处所。他们必须共甘苦。甘苦共尝才能得到精神的沟通，感情的融洽。国家大事、世界大势，亦必须师生共同关心。学校里师生应当相依为命，不能生隔阂，更不能分阶段。人格要互相感化，习惯要互相锻炼。人只晓得先生感化学生，锻炼学生，而不知学生彼此感化锻炼和感化锻炼先生力量之大。先生与青年相处，不知不觉的，精神要年轻几岁，这是先生受学生的感化。学生质疑问难，先生学业片刻不能懈怠，是先生受学生的锻炼。这是不可避免的，也是好现象。总之，师生共同生活到什么程度，学校生气也发扬到什么地步，这是丝毫不可以假借的。李白诗说："黄河之水天上来，奔流到海不复回。"这好比是学生的精神。办学如治水，我们必须以导河的办法把学生的精神宣导出去，使他们能在有益人生的事上去活动。倘不能因势利导，反而强事压制，那末决堤泛滥之祸不能幸免了。

学校生活只是社会生活一部分。学校不是道士观、和尚庙，必须与社会生活息息相通。要有化社会的能力，先要情愿社会化。

学校生活是社会生活的起点。远处着眼，近处着手，改造社会环境要从改造学校环境做起。全校师生应当以美术的精神共同改造学校环境。凡应当改造的，一丝一毫都不肯轻松放过，才能表现真精神。师生不能共同改造学校环境而侈谈社会改造，未免自欺欺人。

高尚的生活精神不用钱买，不靠钱振作，也不能以没有钱推诿。用钱可以买来的东西，没有钱自然买不来；用钱买不来的东西，没有钱也可以得到的。高尚的精神如同山间明月、江山清风一样，是取之不尽、用之无穷的。没有钱是一事，没有精神又是一事。有钱而无精神和无钱而有精神的学校，我都见识过。精神是不靠钱买的。精神是在我们身上，我们肯放几分精神，就有几分精神。不关有没有钱，只问我肯不肯把精神放出来。

我们要学校生活长得敏捷圆满，就得要把他放在光天化日之下。太阳光底下可以滋长，黑暗里面免不掉微生物。所以我主张学校要给人看。做父母的、管家务的，以及纳教育税的人，都要看学校。要学校改良，做校长的、做教员的，都要欢迎人参观批评，以补自己不足。学校放在太阳光里必能生长，必能继续不断的生长。

我对于学校悬格并不要高，只希望大家把学校办到一个地步——情愿送亲子弟入校求学，就算好了。前清往往有办学的人不令子弟入学，时论以为不恕。现今主持省县教育者，亦颇有以子弟无好学校进为虑，甚至送入外人设立学校肄业，真正令人不解。我要有一句话奉劝办学同志，这句话就是"待学生如亲子弟"。

原载 1926 年 11 月 5 日《微音》月刊第 29、30 期合刊

社会即学校

问：为什么要主张"社会即学校"，反对"学校即社会"？

答：我们主张"社会即学校"，是因为在"学校即社会"的主张下，学校里面的东西太少，不如反过来主张"社会即学校"，教育的材料，教育的方法，教育的工具，教育的环境，都可以大大增加，学生、先生也可以更多起来。因为在这样的办法下，不论校内校外的人，都可以做师生的。"学校即社会"，一切都减少，校外有经验的农夫，就没有人愿去领教；校内有价值的活动，外人也不得受益。

问：如上所言，坏的社会也可以做学校吗？

答：坏的社会，我们也要认识，也要有所准备。才能生出抵抗力，否则一入社会，便现出手慌足乱的情状来。

原载1930年3月1日《乡村教育》第1期

诗的学校

一

宇宙为学校，
自然是吾师。
众生皆同学，

书呆不在兹。

二

化日耀青天，
有人田里哼。
明月出东岭，
是吾看花灯。

三

劳力上劳心，
教学做"人工"。
探深而钩玄，
要将真理穷。

四

用书如用刀，
不快自须磨。
呆磨不切菜，
何以见婆婆？

五

老牛会耕田，
忘却头上角。
屠户何日到？
用角预商榷。

六

生来不自由，
生来要自由。
谁是真革命？
首推小朋友。

七

天池育蛟龙，
森林教狮虎；

得所不伤人,
此意谁与语?
　　八
地狱不在地,
天堂不在天。
创造大平等,
无地亦无天!
　　九
不是桃花源,
不是神仙府;
只做人中人,
无问他我汝。
　　十
谁说非学校?
就算非学校。
依样画葫芦,
未免太无聊!
　　十一
捧来一颗心,
愿共心儿好。
偶然一到此,
流连不知老!

原载 1931 年 5 月《师范生》

文 化 细 胞

　　一般人只要一提到教育便联想到学校，一提到普及教育便联想到普设学校。他们好像觉得学校是唯一的教育场所，如果要想普及教育便非普设学校不可。倘使没有钱普及四年的学校教育，他们便退一步主张普及一年的学校教育，甚至于退到四个月、两个月、一个月的学校教育。万一不能普及全天的教育，他们想半天、二个小时、一小时也是好的，但必须在学校里办。仔细把它考虑一下，这种意见只是一种守旧的迷信。我们若不跳出学校的圈套，则普及教育在中国是不可能。我不说学校没有用，但，学校之外，我们必须创造一种下层文化的组织，适合大多数人的生活，便利大多数人继续不断的长进，才是有了永久的基础。

　　我建议要创造一种文化细胞。每一家，每一店铺，每一工厂，每一机关，每一集团组成一个文化细胞。这种细胞里的分子有两种：一是识字的，一是不识字的。我们叫每一个细胞里的识字分子教导不识字分子，说得正确些，我们要叫识字分子取得现代知识精神，连文字一同教给不识字的分子。这样一来，每个文化细胞里的分子都能继续不断的长进。任何文化细胞里倘若识字分子过剩，可以分几个出去，帮助缺少识字分子的细胞。这种文化细胞在山海工学团范围以内叫做工学队，为工学团最下层之组织单位。俞塘①称它为生活教育团，安徽省称它为普及教育团。有人建议称它为自学团或共学团。名字不同，无关重要，但他们有一点相同，便是感到专靠学校来普及教育在中国是很勉强，不易做到。即使做到了，也是短命教育，没有久远的长进。所以要在学校之外创出一种较为自然之组

---

① 指当时上海县的俞塘民众教育馆。

织来救济，不但要谋教育之普及，并要谋所普及之教育得以继长增高。他们用得着学校的地方，不妨先开一个学校。铺中、家中连一个识字的人也没有的地方，不妨叫每家每铺先派一人每天来校学半小时或一小时，再依即知即传之原则，把各个文化细胞成立起来。

普及教育动员令一下，有暇进学校的，尽可进学校；无暇进学校的，在自己家里、店里、工厂里及任何集团里创起文化细胞来共谋长进。文化细胞成立后，必须向负责学校或教育行政机关注册。凡在学校求学的，必须常回到他的文化细胞里来尽义务教人。

学校是文化的旅馆，只能暂住而不可以久留。自学团，共学团，普及教育团，生活教育团或工学团下之工学队，才是文化之活细胞。

原载 1935 年 5 月 1 日《生活教育》第 2 卷第 5 期

育才学校的性质[①]

一、育才学校是一个具有试验性质的学校。第一，抗战以来，中国破天荒产生了儿童公育的事业，而育才学校是其中特殊的一种。我们希望将具有特殊才能的儿童之公育，予以充分的试验。第二，育才学校以生活教育原理与方法作为一种指导方针，我很希望将这一指导方针予以充分试验，我们深信这种试验会给予生活教育理论一些新的发展。

二、育才学校全盘教育基础建筑在集体生活上。这里不是一个旧的教育场所，而是一个新的生活场所。这里的问题，不仅在于给儿童以什么样的教育，同时更在于如何使儿童接受那样的教育；这里的问题，不仅在于我们应有一个教育理想与计划，而在于如何通过集体生活达到那样一个理

---

① 篇名为编者所加。

想与计划。

三、育才学校的集体生活必须保持合理、进步与丰富，而欲保持它的合理、进步与丰富，则有两个重要的条件：（一）与社会发展的联系，与整个世界的沟通。（二）在集体之下，发展民主，看重个性。

四、育才学校的集体生活包含着如下几种生活：（一）劳动生活；（二）健康生活；（三）政治生活；（四）文化生活。在传统教育中有所谓劳动教育而忽略劳动生活，有所谓健康教育而忽略健康生活，有所谓政治教育而忽略政治生活，在各种各样的课堂中，讲授文化生活而忽略真正的文化生活。育才学校的生活与教育是统一的，它认定劳动生活即是劳动教育，用劳动生活来教育，给劳动生活以教育；它认定健康生活即是健康教育，用健康生活来教育，给健康生活以教育；它认定政治生活即是政治教育，用政治生活来教育，给政治生活以教育；它认定文化教育，用文化生活来教育，给文化生活以教育。

五、育才学校的集体生活虽然在性质上分为劳动生活、健康生活、政治生活和文化生活，但在生活之集体性这一点上，决定了我们的劳动生活、文化生活往往同时就是政治生活。质言之，劳动生活、健康生活、文化生活之解释、动员、组织的过程都是政治生活，也都是政治教育。因此育才学校的集体生活，在其总的意义上说来便是一种政治生活。也就是说育才学校的政治教育笼罩着整个集体生活。

六、育才学校的生活是有计划的，此种有计划的集体生活之集体性决定了全部的集体生活，同时就是政治生活。同样地育才学校的集体之教育性决定了全部的集体生活，同时就是文化生活，质言之，劳动生活、健康生活、政治生活在集体讨论与检查中所有语言文字表达能力之锻炼，以及思考推理之应用等等，便同时是文化生活。劳动生活、健康生活、政治生活对于学生精神和品格上之陶冶及锻炼，便同时是文化教育。因此，育才学校的集体生活在其总的意义说来，同时又是文化教育。

引自《育才学校纲要草案》，载 1940 年 8 月 1 日《战时教育》第 6 卷第 1 期

社会大学颂

青天是我们的圆顶,
大地是我们的地板。
太阳月亮是我们的读书灯,
二十八宿是我们的围墙。
人民创造大社会,
社会变成大学堂。
大学之道,在明民德,在亲民,在止于人民之幸福,
是我们创造之新主张。
什么是民德?
要目有四项:
觉悟,联合,解放,
还有创造——要捣碎痛苦的地狱,
创造人间的天堂。
教人民做主人,不让公仆造反。
为老百姓服务,
不靠高调唱得响。
农场,工场,会场,商场,广场,战场,娱乐场,
都是我们数不尽的课堂。
我们要各尽所能,各学所需,各教所知,各得其所。
我们要自由,自动,自强。
我们要民有,民治,民享。
自己来发起,

自己来筹款。
自己选校董,
自己选校长,
请真理做老师,
学生有三百六十行。
只要虚心学,
而且不间断,
乡人不出村,
能知万里远。
个个考博士,
行行出状元。
农人可以中状元,
工人可以中状元,
失学的青年可以中状元,
荣誉军人可以中状元。
先办夜大学,
夜间求学无人管。
职业青年千千万。
格物致知久已旷,
万仞宫墙飞不进,
教育制度缺一环。
要想深造丢饭碗,
丢了饭碗家人靠谁养!
只有白天做工夜求学,
肚皮头脑都饱满。
次办函授大学,
文化交流信来往。
再办新闻大学,
运用报纸助座谈。

再办电播大学，
广播教育范围广。
太太和老妈，
在家里也能听讲。
电影教育更深刻：
谷子变成秧，
秧又变谷子，
可以见生长。
原料出矿山，
走进机器房，
几个弯一转，
飞机出工厂。
最后办旅行大学，
走遍东南西北和中央。
还要渡海飘洋。
跟老百姓学习，
陪着老百姓向前向上长。
我们要有演讲调查队，
还要歌舞话剧团：
献演《啷格办》，
《朱大嫂送鸡蛋》，
《王大娘补缸》，
还带去民族舞，
来自新疆，蒙古和西藏。
还要带电影，
到处要放映：
鸡蛋怎样变成小鸡？
大羊怎样生小羊？
五谷怎样生长？

棉花怎样改良？
汽车怎样制造？
钢铁怎样出产？
还要放映《生路》，《一曲难忘》，《在敌人后方》。
我们要走遍天涯海角，
让老老少少男男女女都来看，
都来谈，
都来玩，
都来想，
都来干，
把中国造成一个好模样，
叫整个民族安居乐业，
万寿无疆。
这就是我们的社会大学堂。
只怕先生少，
不怕学生旺。
来一个，收一个，
来两个，收一双，
来一千，收一千，
来一万，收一万。
全中国四万万五千万，
全世界二十万万二千万，
如果愿意这样干，
都欢迎加入这个大学堂。
国民党，
共产党，
中国民主同盟，
各派各党，
无派无党，

大家一起来，
创办这个社会大学堂，
人民大学堂，
民主世界大学堂。

原载 1946 年 2 月 1 日《民主教育》第 1 卷第 4 期

社会大学运动（节选）

社会大学有两种：一是有形的社会大学，二是无形的社会大学。社会大学运动是要把有形的社会大学普及出去，并且要给无形的社会大学一个正式的承认，使每一个人都承认这无形的社会大学之存在，随时随地随事进行学习。

无形的社会大学，是只有社会而没有"大学"之名。它是以青天为顶，大地为底，二十八宿为围墙，人类都是同学，依"会的教人，不会的跟人学"之原则说来，人类都是先生，而且都是学生。新世界之创造，是我们的主要的功课。无形的社会大学，虽无社会大学之名，实实在在它是一个最伟大的大学，最自由的大学，最合乎穷人需要的大学。我们穷人一无所有，有则只有这样一个社会大学。这无形的社会大学既然是我们的，我们就应该承认它，认识它，把它当作我们自己的宝贝，运用它来教育我们自己，使自己和同伴近邻养成好学的习惯，活到老，学到老，进步到老。

有形的社会大学是夜大学、早晨大学、函授大学、新闻大学、旅行大学、电播大学。

重庆开办的社会大学，是夜大学，纯粹由职业青年自动创办的。有些地方的职业青年，早晨要到九点钟才上工。早晨可以进行二三小时的学习，便可以开办早晨大学，以应这种青年之需要。

可能进夜大学、早晨大学的青年，依我估计中国足足有四百万人。每年高中毕业生有十一万人，能考取正式大学者只有一万多人，那末每年就是九万多人不得其门而入。人生从十六岁到四十岁，至少应该努力学习。这样算来便有二百十六万人，除去死亡害病十六万，应有二百万高中毕业生，要求社会大学予以进修的机会。

此外还有大学一年级、二年级、三年级删下来，而不得不找工作养活自己的青年。还有受过大学四年级教育的人，而觉得时代已经变动需要再学习。还有大群的自学青年，倘使得到社会大学的便利，进步可能更为迅速。只要能听讲而又能记笔记，便有入学资格。这样估计起来，至少再加二百万人，因此，我估计中国全国有四百万职业青年需要社会大学帮助他们进修。我们应该在全国展开社会大学运动，在各大都市建立夜大学早晨大学，来应济这广大的需要。正统大学能附设夜大学、早晨大学固然可以，但是单独设立尤有必要。它可以由职业青年、进步学者或热心社会人士分头或合力发起组织。一切要简而易行，不要让自己的幻想、野心把办法弄得太困难，而阻碍了发展与普及。普及与发展夜大学、早晨大学，是社会大学运动的第二个任务。

至于函授大学、电播大学，是要集中的办。旅行大学，包括海陆空三方面。新闻大学，是以好报为中心，辅以好杂志，并助以经常的座谈会。把这几种事业有效的办起来，是社会大学运动的第三个任务。

社会大学，无论有形的无形的，要有一个共同的大学之道，孔子的大学之道是，在明明德，在新民，在止于至善。现在时代不同了，我们提议修改几个字，成为："大学之道：在明民德，在亲民，在止于人民之幸福。"

原载1947年3月上海生活书店版《陶行知教育论文选辑》

五、教学做合一

智育大纲（节选）

　　本校以诚为训育之本，亦以诚为智育之本。盖诚合成己成物而言，故格物所以致知，即所以致诚。《中庸》曰："自明诚谓之教。"又曰："诚之者，择善而固执之者也。"曰明，曰择，皆智育所有事，而皆所以致其诚也。故本校智育，亦以诚为本。依据诚训以养成学生思想及应用能力，则本校智育之标准也。深望诸生能思想以探知识之本源，能应用以求知识之归宿。盖明知识之本源，然后乃能取之无尽；明知识之归宿，然后乃能用之无穷。若徒以灌输知识为务，而不求所以得其源流，则枯寂之弊所不能免，又安能尽物之性哉？故本校智育以养成思想及应用能力为标准。标准既立，方法乃生。

　　本校智育方法，有一贯之精神，曰：试验。盖徒事思想而无试验，则蹈于空虚；徒知应用而无试验，则封于故步，皆不足以尽智育之能事也。荀子曰："大天而思之，孰与应时而使之！因物而多之，孰与骋能而化之！思物而物之，孰与理物而勿失之也！"此数语，可谓中试验精神之窍要矣。盖凡天下之物，莫不有赖于其所处之境况，境况不同，象征自异。故欲致知穷理，必先约束其境况，而号召其象征，然后效用乃能发现。若其待天垂象，俟物示征，则以有限之时间，逐不可必得之因果，是役于物而制于天也，安得不为所困哉？况既得矣，或出于偶然；即有常矣，或所示者吝，吾又安能穷其极处无不到哉？

吾国数千年来相传不绝之方法，唯有"致知在格物"一语。然格物之方法何在？晦庵与王阳明各持一说。晦庵以即物穷理释之，近矣。然而即物穷理又当用何法乎？无法以即物穷理，则物仍不可格，知仍不可致。阳明固尝使用即物穷理也，然未得其法，格物不成，归而格心。使阳明更进一步，不责物之无可格，只责格之不得法，兢兢然以改良方法自任，则近世发明史中，吾国人何至迄今无所贡献？故欧美之进步敏捷者，以有试验方法故。中国之所以瞠乎人后者，亦以无试验方法故。

吾国维新二十载，形式上虽不无可观，而智识进化之根本方法，则无人过问。故拘于古法而徒仍旧贯者有之；慕于新奇而专事仪型者有之。否则思而不学，悬空构想，一知半解，武断从事。即不然，则朝行夕罢，偶尔尝试而已。孔子曰："温故而知新，可以为师矣。"仍旧贯，只是温故。仪型他国，则吾人以为新，他人以为旧矣。空想无新可见，武断绝自新之路，尝试则新未出而已中途废矣，何怪乎智识之不进也！故欲智识之刷新，非实行试验不为功。盖能试验，则能自树立，能自树立，则能发古人所未发，明今人所未明，人将师我，岂唯进步已哉？然能试验，岂易言哉？知其要而无其才，不足以言试验；有其才而无百折不回之气概，犹不足以言试验也。故试验者，当内有其才，外度其势，视阻力为当然，失败为难免，复贯以再接再厉之精神，然后功可成也。诸生宜急起直追，以试验自矢，则所思者皆有所用，所用者皆本所思，当不难自明以至于诚也。勉之！勉之！

1918 年 9 月 17 日讲
原载 1918 年 9 月 20 日《南京高等师范日刊》

教学合一

现在的人叫在学校里做先生的为教员，叫他所做的事体为教书，叫他所用的法子为教授法，好像先生是专门教学生些书本知识的人。他似乎除了教以外，便没有别的本领，除书之外，便没有别的事教，而在这种学校里的学生除了受教之外，也没有别的功课。先生只管教，学生只管受教，好像是学的事体，都被教的事体打消了。论起名字来，居然是学校，讲起实在来，却又像教校。这都是因为重教太过，所以不知不觉的就将他和学分离了；然而教学两者，实在是不能分离的，实在是应当合一的。依我看来，教学要合一，有三个理由：

第一，先生的责任不在教，而在教学，而在教学生学。大凡世界上的先生可分三种：第一种只会教书，只会拿一本书要儿童来读它，记它，把那活泼小孩子做个书架子、字纸篓，先生好像是书架子字纸篓之制造家；学校好像是书架子字纸篓的制造厂。第二种的先生不是教书，乃是教学生；他所注意的中心点，从书本上移到学生身上来了。不像从前拿学生来配书本，现在他拿书本来配学生了。他不但是要拿书本来配学生，凡是学生需要的，他都拿来给他们。这种办法，果然比第一种好得多，然而学生还是在被动的地位，因为先生不能一生一世跟着。热心的先生，固想将他所有的传给学生，然而世界上新理无穷，先生安能尽把天地间的奥妙为学生一齐发明？既然不能与学生一齐发明，那他所能给学生的，也是有限的，其余还是要学生自己去找出来的，况且事事要先生传授，既有先生，何必又要学生呢？所以专拿现成的材料来教学生，总归还是不妥当的。那么，先生究竟应该怎样才好？我以为好的先生不是教书，不是教学生，乃是教学生学。教学生学有什么意思呢？就是把教和学联络起来：一方面要先生负指导的责任,一方面要学生负学习的责任,对于一个问题,不是要先生拿现成的解决方法来传授学生,乃是要把这个解决方法如何找来的手续程序,安排停当,指导他,使他以最短的时间,经过相类的经验,发生相类的理想,自己将这个方法找出来,并且能够利用这种经验理想来找别的方法,解决别的问题。得了这种经验理想,然后学生才能探知识的本源,求知识的归宿,对于世界上一切真理,不难取之无尽,用之无穷了。这就是孟子所说的"自得",也就是现今教育家所主张的"自动"。所以要想学生自得自动,必先有教学生学的先生。这是教学应该合一的第一个理由。

第二,教的法子必须根据学的法子。从前的先生,只管照自己的意思去教学生;凡是学生的才能兴趣,一概不顾,专门勉强学生来凑他的教法,配他的教材。一来先生收效很少,二来学生苦恼太多,这都是教学不合一的流弊。如果让教的法子自然根据学的法子,那时先生就费力少而成功多,学生一方面也就能够乐学了。所以怎样学就须怎样教;学得多教得多,学得少教得少,学得快教得快,学得慢教得慢。这是教学应该合一的第二个理由。

第三,先生不但要拿他教的法子和学生学的法子联络,并须和他自己的学问联络起来。做先生的,应该一面教一面学,并不是贩买些知识来,就可以终身卖不尽的。现在教育界的通病,就是各人拿从前所学的抄袭过来,传给学生。看他书房里书架上所摆设的,无非是从前读过的几本旧教科书,就是这几本书,也还未必去温习的,何况乎研究新的学问,求新的进步呢!先生既没有进步,学生也就难有进步了。这也是教学分离的流弊。那好的先生就不是这样,他必是一方面指导学生,一方面研究学问。如同柏林大学包尔逊先生(P. Paulsen)说:"德国大学的教员,就是科学家。科学家就是教员。"德国学术发达,大半靠着这教学相长的精神。因为时常研究学问,就能时常找到新理,这不但是教诲丰富,学生能多得些益处,而且时常有新的材料发表,也是做先生的一件畅快事体。因为教育界无限枯寂的生活,那是因为当事的人,封于故步,不能自新所致。孔子说:"学而不厌,诲人不倦。"真是过来人阅历之谈。因为必定要学而不厌，然后才能诲人不倦；否则年年照样画葫芦，我却觉得有十分的枯燥。所以要想得教育英才的快乐，首先要把教学合而为一，这是教学应该合一的第三个理由。

总之：一、先生的责任在教学生学；二、先生教的法子必须根据学的法子；三、先生须一面教一面学。这是教学合一的三种理由，第一种和第二种理由是说先生的教应该和学生的学联络；第三种理由是说先生的教应该和先生的学联络。有了这样的联络，然后先生学生都能自得自动，都有机会方法找那无价的新理了。

原载 1919 年 2 月 14 日《时报·教育周刊·世界教育新思潮》第 1 号

教学做合一（节选）

教学做合一是本校的校训，我们学校的基础就是立在这五个字上，再也没有一件事比明了这五个字还重要了。说来倒很奇怪，我在本校从来没有演讲过这个题目，同志们也从没有一个人对这五个字发生过疑问，大家都好像觉得这是我们晓庄的家常便饭，用不着多嘴饶舌了。

可是我近来遇了两件事，使我觉得同志中实在还有不明了校训的意义的。一是看见一位指导员的教学做草案里面把活动分成三方面，叫做教的方面，学的方面，做的方面。这是教学做分家，不是教学做合一。二是看见一位同学在《乡教丛讯》上发表一篇关于晓庄小学的文章。在这篇文章里，他说："晓庄小学的课外作业就是农事教学做。"在教学做合一的学校的辞典里并没有"课外作业"。课外作业是生活与课程离婚的宣言，也就是教学做离婚的宣言。今年春天洪深[①]先生创办电影演员养成所，招生广

---

① 洪深，字伯骏，号浅哉。早年留学美国，归国后参加南国社，与陶行知有交往。

告上有采用"教""学""做"办法字样,当时我一见这张广告,就觉得洪先生没有十分了解教学做合一。倘使他真正了解,他必定要写"教学做"办法,决不会写作"教""学""做"办法。他的误解和我上述的两个误解是相类的。

我接受了两次刺激,觉得非彻底的、原原本本的和大家讨论明白,怕要闹出绝大的误解。思想上发生误解则实行上必定要引起矛盾。所以把这个题目来演讲一次是万不可少的。我自回国以后,看见国内学校里先生只管教、学生只管受教的情形,就认定有改革之必要。这种情形以大学为最坏。导师叫做教授,大家以被称教授为荣。他的方法叫做教授法,他好像拿知识来赈济人的。我当时主张以教学法来代替教授法,在南京高等师范学校校务会议席上辩论二小时,不能通过,我也因此不接受教育专修科主任为名义。八年①,应《时报·教育新思潮》主干蒋梦麟先生之征,撰《教学合一》一文,主张教的方法要根据学的方法。此时苏州师范学校首先赞成采用教学法。继而"五四"事起,南京高等师范同事无暇坚持,我就把全部课程中之教授法一律改为教学法。这是实现教学合一的起源,后来新学制颁布,我进一步主张:事怎样做就怎样学,怎样学就怎样教;教的法子要根据学的法子,学的法子要根据做的法子,但是教学做合一之名尚未出现。

前年在南开大学演讲时,我仍用教学合一之题,张伯苓先生拟改为学做合一。我于是豁然贯通,直称为教学做合一。去年我撰《中国师范教育建设论》时,即将教学做合一之原理作有系统之叙述。我现在要把最近的思想组织起来作进一步之叙述。教学做是一件事,不是三件事。我们要在做上教,在做上学。在做上教的是先生;在做上学的是学生。从先生对学生的关系说:做便是教;从学生对先生的关系说:做便是学。先生拿做来教,乃是真教;学生拿做来学,方是实学。不在做上用功夫,教固不成为教,学也不成为学。

一切生活的教学做都要如此,方为一贯。否则教自教,学自学,连做

---

① 八年,系民国八年,即1919年。

也不是真做了。所以做是学的中心，也就是教的中心。"做"既占如此重要的位置，宝山县立师范学校竟把教学做合一改为做学教合一，这是格外有意思的。

原载1928年1月15日《乡教丛讯》第2卷第1期

在劳力上劳心（节选）

昨天我讲《教学做合一》的时候，曾经提及"做"是学之中心，可见做之重要。那末我们必须明白"做"是什么，才能明白教学做合一。盲行盲动是做吗？不是。胡思乱想是做吗？不是。只有手到心到才是真正的做。

世界上有四种人：一种是劳心的人；一种是劳力的人；一种是劳心兼劳力的人；一种是在劳力上劳心的人。二元论的哲学把劳心的和劳力的人分成两个阶级：劳心的专门在心上做工夫，劳力的专门在苦力上讨生活。劳力的人只管闷起头来干，劳心的人只管闭起眼睛来想。劳力的人便成了无所用心，受人制裁；劳心的便成了高等游民，愚弄无知；以致弄成"劳心者治人，劳力者治于人"的现象。不但如此，劳力而不劳心，则一切动作都是囿于故常，不能开创新的途径；劳心而不劳力，则一切思想难免玄之又玄，不能印证于经验。劳力与劳心分家，则一切进步发明都是不可能了。所以单单劳力，单单劳心，都不能算是真正之做。真正之做须是在劳力上劳心。在劳力上劳心，是真的一元论。

在劳力上劳心，是一切发明之母。事事在劳力上劳心，便可得事物之真理。人人在劳力上劳心，便可无废人，便可无阶级。征服天然势力，创造大同社会，是立在同一的哲学基础上的，这个哲学的基础便是"在劳力上劳心"。我们必须把人间的劳心者、劳力者、劳心兼劳力者一齐化为在劳力上劳心的人，然后万物之真理都可一一探获，人间之阶级都可一一化除，而我们理想之极乐世界乃有实现之可能。这个担子是要教师挑的。唯独贯彻在劳力上劳心的教育，才能造就在劳力上劳心的人类；也唯独在劳力上劳心的人类，才能征服自然势力，创造大同社会。

最后，我想打一个预防针，以免误解。一次有一位朋友告诉我说："你们在劳心上劳力的主张，我极端的赞成。"我说："如果是在劳心上劳力，我便极端不赞成了。我们的主张是'在劳力上劳心'，不是'在劳心上劳力'。"

原载 1928 年 4 月上海亚东图书馆版《中国教育改造》

艺友制的教育（节选）

释义 何谓艺友制？艺者艺术之谓，亦可作手艺解。友为朋友。凡以朋友之道教人艺术或手艺者，谓之艺友制教育。

方法 艺友制之根本方法为教学做合一。事如何做便知如何学，如何学便如何做。教法根据学法，学法根据教法。先行先知者在做上教，后行后知者在做上学。共教、共学、共做方为真正之艺友制，亦唯艺友制始能彻底实现教学做合一之原则。

艺友制与艺徒制之比较 艺友制与艺徒制之关系甚为密切。由源头上观察，艺友制亦可谓从艺徒制中脱胎而来者。艺友制与艺徒制之所同者为教学做合一，艺徒制是在做上教，在做上学，艺友制亦然。但艺徒制有三种流弊系艺友制所革除者：一、艺徒制下之工匠艺徒几如奴仆，至不平等。二、工匠所有秘诀、心得对艺徒不愿轻传，故使艺徒自摸黑路，精神、时间，皆不经济。三、一切动作，偏重劳力而少用心，太无进步。艺友制则不然：教者、学者既是朋友，便须以平等相待，以至诚相见，尤须共同在劳力上劳心,以谋事业之进步。

艺友制之推行　艺友制之成功在乎指导之得人。故凡有指导能力者,皆可以招收艺友,初不问其事业之粗细也。图画家、音乐家、雕刻家、戏剧家、电影家、医生、律师、商人,皆可以招收艺友。民国十七年一月十五日,中华职业教育社为推广艺友制起见,决定拟订介绍方法,使有志青年得以依据兴趣才能,充当一种事业专家之艺友,以谋上进。该社并拟筹集艺友贷金,俾贫寒天才不致因经济压迫而失学。凡此皆推行艺友制之重要步骤也。

出自 1930 年 7 月上海商务印书馆版《教育大辞书》

生活教育与教学做合一对于书之根本态度[①]

生活教育指示我们说:过什么生活用什么书。教学做合一指示我们说:对于书的根本态度是:书是一种工具,一种生活的工具,一种"做"的工具。工具是给人用的;书也是给人用的。我们对一本书的见面问,是:你有什么用处(当然是广义的用处)?为读书而读书,为讲书而讲书,为听书而听书。遇到一本书我们必须问:你能帮助我把这件事做得好些吗?你能帮助我过一过更丰富的生活吗?我们用书,有时要读,有时要讲,有时要听,有时要看;但是读、讲、听、看都有一贯的目的,这目的便是它们对于"用"的贡献。在《诗的学校》里有一首诗描写我们对于书的总态度:

用书如用刀,
不快便须磨。

---

① 篇名为编者所加。

呆磨不切菜，

何以见婆婆？

生活教育与教学做合一之总要求 我们要活的书，不要死的书；要真的书，不要假的书；要动的书，不要静的书；要用的书，不要读的书。总体来说，我们要以生活为中心的教学做指导，不要以文字为中心的教科书。我要声明在先，我并不拘泥于文字之改变。倘使真的拿生活为中心使文字退到工具的地位，从死的、假的、静的、读的，一变而为活的、真的、动的、用的，那末就称它为教科书，我也不反对；倘使名字改为生活用书或教学做指导，还是以文字为中心，便利先生讲解，学生静听，而不引人去做，我也不能赞成。但是，如果能够做到名实相符，那就格外的好了。

照这样看来，教学做合一的理论不是不要书；它要用的书的数目之大，比现在的教科书要多得多。它只是不要纯粹以文字来做中心的教科书，因为这些书是木头刀，切不下菜来。过什么生活用什么书。做什么事用什么书。不用书，或用而用得不够，用得不当，都非教学做合一的理论所允许的。

教学做指导编得对不对，好不好，可以下列三种标准判断它。

（一）看它有没有引导人动作的力量，看它有没有引导人干了一个动作又要干一个动作的力量。中国人的手中了旧文化的毒已经瘫了，看它能否给他打一针，使一双废手变成一双开天辟地的手。我们要看它能否把双料少爷的长指甲剪掉，能否把双料小姐的手镯戒指脱掉，能否把活活泼泼的小孩们的传统的几十斤重的手铐卸掉，使八万万只无能的手都变成万能的手。

（二）看它有没有引导人思想的力量，看它有没有引导人想了又想的力量。中国文人的头脑做了几千年的字纸篓；中国男人女人的头脑做了几千年的真空管。我们现在要请大家的头脑出来做双手的司令官，我们要头脑出来监工。我们不但是要做，并且要做得好。如何可以做得好，做得比昨天好，这是头脑的天职。我们遇了一本书，便要问它是否给人的头脑全权指导一切要做的事。

（三）看它有没有引导人产生新价值的力量，看它有没有引导人产生新益求新价值的力量。我在《乡村教师》上曾经写过十几首诗，描写一位乡村教师的生活，内中有一首是：

    人生两个宝：
    双手与大脑。
    宁做鲁滨孙，
    单刀辟荒岛。

引自《教学做合一下之教科书》，载 1931 年 8 月《中华教育界》第 19 卷第 4 期

两位先生的对话

  设计教学法先生：
  "教学做合一，
  做学教合一。
  玩来玩去，
  只是老把戏，
  还不是设计，
  大同而小异。"
  教学做合一先生：
  "大同而不异？
  西施少了一个鼻！
  教学而不做，
  正合士大夫的老脾气。
  早上设一计；
  晚上设一计；

心里设一计；

笔下设一计；

衔支香烟喷口气，

又是一个计！

比出汗儿写意。"

二十一年夏

原载 1933 年上海儿童书局版《知行诗歌集》

小 先 生 歌

（一）

我是小学生，

变做小先生。

粉碎那私有知识，

要把时代儿划分。

（二）

我是小先生，

教书不害耕，

你没有工夫来学，

我教你在牛背上哼。

（三）

我是小先生，

看见鸟笼头昏。

爱把小鸟放出，

飞向森林投奔。

（四）
我是小先生，
这样指导学生：
"学会赶快去教人，
教了又来做学生。"
（五）
我是小先生，
烈焰好比火山喷。
生来不怕碰钉子，
碰了一根化一根。
（六）
我是小先生，
爱与病魔斗争。
肃清苍蝇与疟蚊，
好叫人间不发瘟。
（七）
我是小先生，
填平害人坑。
把帝国主义推倒，
活捉妖怪一口吞。
（八）
我是小先生，
要与众人谋生。
上天无路造条路，
入地无门开扇门。

二十三年三月十六日

原载 1934 年 3 月 16 日《生活教育》第 1 卷 3 期

六、民主教育

评学制草案标准

我们当改造一种制度之时，常受一种或数种原理信念的支配指导。这次学制草案所采用之六种标准，也就是这种原理和信念的表现。论到所表现的是否合宜，我们必须先看学制的功用，才能加以判断。学制的功用何在？

学制是一种普遍的教育的组织。他的功用是要按着各种生活事业之需要划分各种学问的途径，规定各种学问的分量，使社会与个人都能依据他们的能力，在各种学问上适应他们的需要。照这样看来，学制所应当包含的有三种要素：

（一）社会之需要与能力　各种社会对于学问上之需要，有同的，有不同的。他们设学的能力，有大有小。

（二）个人之需要与能力　各种学生对于学问上之需要有同的，有不同的。他们求学的能力，有大有小。

（三）生活事业本体之需要　各种生活事业在学问上所需之基础有同的，有不同的。他们所需准备的最低限度有大有小；这种基础与准备之伸缩可能，也有大小之不同。

我们且依据这三种要素来观察这次学制草案之标准。第一条标准——根据共和国体，发挥平民教育精神——和第二条标准——适应社会进化的需要——都属于社会共同的需要方面。第五条标准——多留地方伸缩余地，并且顾到各地不同的需要。若第五条与第四条——注意国民经济能力——第六条——使教育易于普及——合起来看，我们可以说各地设学的能力的大小也顾到了，第三条——发展青年个性使得选择自由——对于个人的需要已有相当的重视。就这条与第四条合起来看，似乎学生求学能力大小之不同，亦已隐隐的含在里面。再看说明（四）与（五），可以晓得学制草案对于学生求学的能力，是很注意的。

故此次所拟的标准对于社会之需要能力和个人之需要能力两种要素已经顾得周到，但对于生活事业本体上之需要，却无显明之表示。虽有几处——如中等教育段——很能体贴这种意思，但因为未曾明白表示，所以顾此失彼，不能彻底的应用出去。

生活与事业本体之需要是规定学制很重要之标准，我们分段落定分量时应当受他的制裁和指导。例如社会需要医生也有力开办医学，某生需要学医也有力学医，但是社会应办几年之医科大学，某生应学几年之基本学问才可学医，应学几年之医道方可行医——这都是要由医道本体的要求定的。医学之分量基础宜如此定，准备别种生活事业之分量与基础亦宜如此定。故先依各种生活事业之需要，规定各种学问之分量，再就社会个人的能力所及，酌量变通，以应社会与个人的需要，或是建设学制可以参考之一法。

原载1922年1月《新教育》第4卷第2期

评《分部教科书》[①]

儿童分局出版的分部教科书,是一个很有意义的尝试。它的效用,将如长江、珠江、黄河分道灌溉。若单靠长江,南北都有偏枯。我希望继分部教科书而起的,还要有人进而编辑特殊民族的教科书。这样,才是百川分流,泽及万方,合于教育机会均等之旨。

原载1934年8月1日《生活教育》第1卷第12期

民 主 第 一

让民主钻进一切
渗透一切
叫一切发酵
让一切钻进民主
渗透民主
叫民主发酵
让民主统治一切
一切受民主之统治

[①] 1934年,陈鹤琴等根据我国北部、中部、南部的不同特点,编辑了一套儿童国语分部教科书。并特约当时教育界的知名人士蔡元培、陶行知等撰写书评。

让我们歌颂民主

歌颂民主穿着战袍出现

歌颂民主以两次胜利答复一个失败

让一切向民主谈心

拿心中事告诉民主

让民主向一切谈心

拿心中事告诉一切

动员一切

唤醒一切

起来为民主作战

民主是我们的大饼

要吃得饱

是我们的衣服

要穿得暖

是我们的农场、工厂

要工作得有意义

是我们的学校

要学得有进步

是我们的生命

要活得合理、崇高

把创造力发挥到最高峰

让民主和我们中间

没有阻碍

没有隔阂

没有挡路的石头

让民主和我们夹攻

一切阻碍

一切隔阂

一切挡路的石头

让我们和民主恋爱

民主是我们

唯一的爱人

跳舞

依自由的旋律

跳舞

和她接一个

热烈的吻

她也和我接一个

热烈的吻

我拥抱着她

她也拥抱着我

是她

拥抱着我

走向生路

让我们和民主结婚

生出民主的我们

我们的民主

写于 1944 年 9 月

复印件存于华中师范大学教育学院

民　　主（节选）

　　民主的意义还是在发展，因为它的内容还是在发展。照我看来，真正的民主必须包含：一、政治民主；二、经济民主；三、文化民主；四、社会民主；五、国际民主。林肯总统在葛梯斯堡所说的"民有民治民享之政府不致从大地上消灭掉"一语，是指政治民主。中山先生所说之民生主义，罗斯福所说之无不足之自由，是指经济民主。山海工学团所主张之教育为公，和陕甘宁边区所实行之民办学校，是指文化民主。中国"五四"运动在社会关系上所发动之种种变革，例如男女平等等，是走向社会民主。从总的方面说：古人所讲的话而现在还起引导作用的，莫过于"大道之行也，天下为公"。

　　民主是中国之起命仙丹。民主能叫四万万五千万老百姓结成一个巨人。民主能给我们和平，永远消除内战之危机。民主好比是政治的盘尼西林，肃清一切中国病。民主又好比是精神的维他命，给我们新的力量，来创造一个自由独立进步的新中国和一个富足平等幸福的新世界。民主第一，人民万岁！

原载 1945 年 11 月 1 日《民主教育》创刊号

民主教育（节选）

民主教育是教人做主人，做自己的主人，做国家的主人，做世界的主人。把林肯总统的话引申到教育方面来说：民主教育是民有、民治、民享之教育。说得通俗些：民主教育是人民的教育，人民办的教育，为人民自己的幸福而办的教育。现在把这样教育的内容和方法，扼要的提出几点，供给从事举办民主教育的朋友参考：

（一）教育为公以达到天下为公。全民教育以实现全民政治。积极方面，我们要求教育机会均等。消极方面，我们反对党化教育，反对党有党办党享的教育，因为党化教育是把国家的公器变做一党一派的工具。

（二）教人民肃清法西斯细菌，以实现真正的民主。

（三）启发觉悟性。教人民进行自觉的学习，遵守自觉的纪律，从事自觉的工作与奋斗。

（四）培养创造力，以实现创造的民主和民主的创造。解放眼睛，敲碎有色眼镜，教大家看事实。解放头脑，撕掉精神的裹头布，使大家想得通。解放双手，剪去指甲，摔掉无形的手套，使大家可以执行头脑的命令，动手向前开辟。解放嘴，使大家可以享受言论自由。解放空间，把人民与小孩从文化鸟笼里解放出来，飞进大自然大社会去寻觅丰富的食粮。解放时间，把人民与小孩从劳碌中解放出来，使大家有点空闲，想想问题，谈谈国事，看看书，干点于老百姓有益的事。有了这六大解放，创造力才可以尽量发挥出来。

（五）各尽所能；各学所需；各教所知；使大家各得其所。

（六）在民主的生活中学习民主。在争取民主的生活中学习争取民主。在创造民主的新中国的生活中学习创造民主的新中国。

（七）尽量采用简笔汉字拉丁字母，双管齐下，以减少识字困难，使人民特别是边民易于接受教育。

（八）充分运用无线电及其他近代交通工具，以缩短距离，使边远地方之人民小孩，可以加速的享受教育。

（九）民主教育应该是整个生活的教育。他应该要工以养生；学以明生；团以保生。他应该是健康、科学、艺术、劳动与民主织成之和谐的生活，即和谐教育。

（十）承认中国是从农业文明开始渡到工业文明，经济是极端贫穷。我们必须发现穷方法，看重穷方法，运用穷方法，以办成丰富的教育。

原载1945年11月1日《民主教育》创刊号

实施民主教育的纲领（节选）

民主运用到教育方面，有双重意义：第一，民主的教育是民有、民治、民享的教育。"民有"的意义，是教育属于老百姓自己的。"民治"的意义，是教育由老百姓自己办的。"民享"的意义，是教育为老百姓的需要而办的，并非如统治者为了使老百姓能看布告，便于管理，就使老百姓认识几个字。由此可见有民有、民治、民享的政治，才有民有、民治、民享的教育。

第二，民主的教育必须办到各尽所能，各学所需，各教所知，各尽所能，就是使老百姓的能力都能发挥。各尽所能，各学所需，各教所知三点都办到了，民有、民治、民享的教育也就成功了。

民主教育的对象或目的

"文化为公"，"教育为公"是教育的目的，但又不妨因材施教。国民教育，与人才教育略有不同。国民教育，是人人应当免费受教育，但如有特殊才能的，也应加以特殊的教育，使其才能能充分发挥，这就是人才教育。但人才教育并不是教他们升官发财，而是要他们将学得的东西贡献给大众，所以这也是"文化为公"。

男女也应有平等受教育的机会。

无论贫富，也应该有均等受教育的机会。民主教育要使穷人也有受教育的机会。

无论老少，也应该受教育。

还有资格的问题：现有是有资格就能上进，没有资格就该赶出大门外。但民主教育是只问能力，不问资格的。本来资格是有能力的证明，既有直接的证明，又何须资格。只要证明是有能力的就可上进。

民族教育现在也成一个问题。过去把少数民族取名为边民，不承认他们为民族。我们对于苗族等小民族的教育，强迫他们学汉文，还要用汉人教师去教他们。但民主教育是让他们学习他们自己的文字，没有文字的，就帮助他们制造文字，让他们自己办学训练各民族的人才来教育他们自己的人民。过去蒙古人受教育时，是雇人来上课的。这种教育又有什么用？

还有一点，无论什么阶级，都要有受教育的机会。受教育的机会均等，长进的机会均等，离校时复学的机会均等，失学时补习机会均等，而且老百姓有办学管教育的机会。

民主教育的方法

民主的教育方法，要使学生自动，而且要启发学生能自觉，要客观，要科学，不限于一种，要多种多样，因材施教，要生活与教育联系起来，并且在中国要会用穷办法，没钱买教科书，用尽种种办法来找代用品，招牌可以作课本，树枝可以作笔，桌面可以当纸张。

民主的教师

民主的教师，必须要有：（一）虚心。（二）宽容。（三）与学生共甘苦。（四）跟民众学习。（五）跟小孩子学习——这听来是很奇怪的，其实先生必须跟小孩子共甘苦，并不是说完全跟小孩子学，而是说只有跟小孩子学，才能完成做民主教师的资格，否则即是专制教师；现在民主国家的领袖，都是跟老百姓学，否则即成专制魔王。（六）消极方面：肃清形式、先生架子、师生的严格界限。

民主教育的教材

民主教育的教材应从丰富中求精华，教科书以外求课外的东西，并且要从学校以外到大自然、大社会中求得活的教材。

民主教育的课程

（一）内容。现在人民所以大部分在贫穷中过生活，因为贫富不均，所以了解社会是很重要的。另外科学不发达，不能造富，所以应该有科学的生产，科学的劳动。抗战如不能胜利，整个中国就完了！因此教育要拿出一切力量来争取胜利，要启发民众，用一切力量来为抗战为反攻而努力。

（二）课程组织。组织应敷成多轨，即普及与提高并重，使老百姓都能受教育，并且有特殊才干也能发挥。

（三）课程要有系统，但也要有弹性，要在课程上争取时间的解放。

民主教育的学制

民主教育的学制，包含三原则：单轨出发。民主教育开始是单轨，不分贫富以单轨出发，以后依才能分成多轨，各人所走路线虽不同，但都将力量贡献给抗战，贡献给国家，这叫多轨同归。并且还要换轨便利，让他们在才干改变时有调换轨道的便利。

民主教育也是要考的，但不要赶考，而是考成。也不鼓励个人的等第，只注意集团的成绩。而成绩也不以分数定高下。

民主也不是绝对的自由。民主有民主的纪律，与专制纪律不同。专制纪律是盲从。民主纪律是自觉的集体的，不但要人服从纪律，还要人懂得为什么。

引自《实施民主教育的提纲》，原载1945年5月《战时教育》第9卷第2期

民主教育之普及（节选）

民主教育一方面是教人争取民主，一方面是教人发展民主。在反民主的时代或是民主不够的时代，民主教育的任务是教人争取民主；到了政治走上民主之路，民主教育的任务是配合整个国家之创造计划，教人依着民主的原则，发挥各人及集体的创造力，以为全民造幸福。

无论是争取民主或是发展民主，都要靠广大人民的群策群力才会成功。这广大人民在数量上是愈广大愈有力量，在认识上是认识得愈深刻愈有力量。因此民主教育需要普及。我们所要普及的是救命的民主教育，要全国老百姓无论男女、老少、贫富都能很快的得到救命的民主教育。

但是中国现在还是一个农业国，大家靠着一双手和锄头斧头生产，所以生活是穷苦得很。尤其是经过一百年的帝国主义侵略，三十多年的内战和八年的抗战弄得万分穷苦。我们要在穷社会里找出穷办法来，教一切穷人都得到教育，得到丰富的教育，得到民主的教育，才算是达到了我们普及教育的目的。

只要知识分子念头一转，肯帮助人好学，不须花费一个钱，便可以帮助老百姓识字，受到民主的教育。如果全国八千万识字的人都肯这样做，都肯即知即传，而且跟他们学的人也即知即传，那四万万五千万人的普及民主教育不是有了办法吗？因此动员这八千万识字的人来进行普及民主教育是一件顶大的事，也是一件可能做到的事。教人、好学，都是传染的，等到大家都传染了教人、好学的习惯，便教人、好学成了瘾，整个中华民族便成了一个教人、好学的民族，万万年的进步是得到了保证。古人云：学然后知不足。一个人感到不足，他便要向高处追，向深处追，是不会有止境了。因此民主教育不但可能做到全面普及，并且可能做到立体的普及。

原载 1945 年 12 月 1 日《民主教育》第 2 期

小学教师与民主运动

我这次到上海,在一个小宴会上,听了几句令人深思的话。我的朋友说:抗战八年来,五位教师之中,有一位逃难去了,一位做生意去了,一位变节了,一位死了,只剩了一位仍旧还在这里做教师,我们是多么寂寞啊!我说剩下的这一位,头上是裹着裹头布,嘴上是上了封条,肚子是饿凶了,被迫得只有干腌菜喂后一代。我们接着谈论胜利后的他们:逃难的难得回乡;做生意的倒胜利霉;变节的无法戴罪立功;死者不可复生;站在岗位上的,头上的裹头布仍旧裹着,嘴上的封条仍旧封得很紧,肚子饿得更凶了,除了干腌菜还没有别的精神粮食给学生吃。这谈话指示我们,如果我们要为民主奋斗,我们得加强自己,改变自己,武装自己。而且要为教育招兵,为民主募马。

首先我们自己需要再教育,再受民主教育。特别是我们做教师的人,需要再教育来肃清一切不民主,甚至反民主的习惯与态度,并且积极的树立真正的民主作风。校长对于我们,我们对于学生,多少都存在着一些要不得的独裁作风。中国现在,自主席以至于校长教师,有意无意的,难免是一个独裁,因为大家都是在专制的气氛中长大,为独裁作风所熏陶,没有学习过民主作风。我们所要学习的民主作风,至少应该包含这些:

(一)民为贵。人民第一。一切为人民。

(二)天下为公。文化为公。不存心包办,或征为私有。

(三)虚心学习,集思广益,以建立自己的主张。

(四)自己要说话,也让别人说话,最好是大家商量。自己要做事,也让别人做事,最好是大家合作。自己要吃饭,也让别人吃饭,最好是大家有饭吃。自己要安全,也让别人安全,最好是大家平安。自己要长进,也让别人长进，最好是大家共同长进。

（五）民主未得到之前，联合起来以争取民主为己任，人民基本自由得到之后，依据民主原则共同创造，创造新自己，创造新家庭、新学校、新中国、新世界。

这是一种全新的生活方式，我们必须天天在实际的生活中学习，学习再学习，才能习惯成自然，造成民主的作风。

个人学习不如集体学习，偶尔学习不如经常学习。为着进行经常的集体学习，最好是联合起来组织社会大学、星期研究会以实施共同之进修。唯其学而不厌才能诲人不倦；如果天天卖旧货，索然无味，要想教师生活不感觉到疲倦是很困难了。所以我们做教师的人，必须天天学习，天天进行再教育，才能有教学之乐而无教学之苦。自己在民主作风上精进不已，才能以身作则，宏收教化流行之效。

我们进行自我再教育，不能没有先生，我们要三顾茅庐请出第一流的教授来帮助我们进行各项学习。第一流的教授具有两种要素：一、有真知灼见；二、肯说真话，敢驳假话，不说谎话。我们必须拿着这两个尺度来衡量我们的先生。合于此者是吾师，立志求之，终身敬之。

在各位大师之中，我要介绍两位最伟大的老师。

一位就是老百姓。我们要跟老百姓学习，学习人民的语言，人民的情感，人民的美德，努力发现老百姓的问题、困苦，和他们心中所希望达到的目的，并认识他们就是中华民国真正的主人，要他们告诉我们怎样为他们服务才算满意。

还有一位最伟大的先生要介绍，那就是小孩子——我们所教的小学生。我们要跟小孩子学习，不愿向小孩学习的人，不配做小孩的先生。一个人不懂小孩的心理，小孩的问题，小孩的困难，小孩的愿望，小孩的脾气，如何能教小孩？如何能知道小孩的力量？而让他们发挥出小小的创造力？

唯独肯拜人民与小孩为老师的人，才能把自己造成民主的教师，也只有肯拜人民与小孩为老师的，那民主作风才自然而然的获得了。

其次，就是运用民主作风教学生，并与同事共同过民主生活，以造成民主的学校。教育方法要采用自动的方法，启发的方法，手脑并用的方法，教学做合一的方法，并且要使学生注重全面教育以克服片面教育；注重养成终身好学之习惯以克服短命教育。

再其次，要教学生为民主的小先生。我们不把小孩单单当作学生教。最重要的教育是"给的教育"，教小孩拿出小小的力量来为社会服务。人生以服务为目的，不是毕业后才服务。在校时，就要在服务上学习服务。学生最好的服务是做小先生，拿学得的知识教给人。这样，学校变成了发电机，学生变成了四十根电线，通到每一个家庭里去，使四十家，乃至二百四十家都发出民主的光辉来，这不能算是小学教师的重要任务吗？

再其次，要教民众自己成为民主的干部。小学教师应该是民主的酵母，使凡与他接触的人都发起酵来，发起民主的酵来。农人，工人，商人，军人，官吏，学生家属，只要一接触便或多或少，起一点变化，顶少要对民主运动减少一点阻碍，顶好是一经提醒便成了民主的斗士；乃至成为民主的干部，大家起来创造一个名符其实的中华民国。最后争取民主以保障生存权利与教学自由。小学教师值得几文钱？是我这次到上海来看见从前乃英先生写的一首感动人的歌曲：

"小学教师值几钱？五元钱一天，教一天，算一天。请假一天扣工钱。不管你喊哑喉咙，不管你绞尽脑汁，不管你坐弯背腰，不管你饿凶肚皮，预支不可以。小学教师值几钱？要求提高待遇，还没有这种福气。"

这首歌的末一句，我提议修改为"争民主奋斗到底"。提高待遇，只有民主才有保障。现在的尊师运动，必须包含争取民主，才能将一时救急的办法，变成经常安定的办法。如不争取民主，使真正的民主政治，民主经济，民主文化全盘兑现，我们必定是一辈子陷在"吃不饱来饿不死"的地狱里。所以为着提高生活的待遇，我们必须参加在整个国家民主斗争里面去，实现天下为公，有我们自己的一份在内。教师的职务是"千教万教，教人求真"。学生的职务是"千学万学，学做真人"。这教人求真和学做真人的教学自由，也只有真正的民主实现了才有可能。在不民主的政治下，说真话做真事的人是会打破饭碗，关进集中营，甚至于失掉生命。因此这教学自由，也是要在整个的人民基本自由中全盘解决。让我们和人民站在一条战线上，争取真正民主的实现，共同创造一个独立、自由、平等、进步、幸福的新中国。

原载1947年3月上海生活书店版《陶行知教育论文选辑》

七、科学的教育

教育与科学方法（节选）

今天所要讲的不是教育研究法，是"教育与科学方法"，就是科学方法在教育上的应用。人生到处都遇见困难，到处都充满了问题。有的人依外国的方法来解决问题：日本怎样办教育，我们也怎样办教育；德国怎样办，我们也怎样办；美国怎样办，我们也怎样办。这种解决也是不对。因为人家发明之后，未必公开，或不愿公开。从不愿公开到公开，已经若干时间，再从公开到中国，我们刚以为新，不知人家早已为旧了。还有的人是闭门空想，自以为得意的了不得，其实仅自空想也是没用的。因四面八方的问题，不给他磨练也是不行。此外还有一种人，也不依古，也不依外，是以不了了之。像以上种种方法，都不能解决我们的问题。能解决我们的问题的，唯有科学的方法。

什么是科学方法呢？科学方法是有步骤的，是有线索的。第一步要觉得有困难。如牛顿看见苹果落地，别人不知看了几千百次，都没觉得有困难，唯有牛顿觉着有困难，所以他发现地球的吸力。教育方面也是如此。有的人上课看不出有什么问题，学风之坏也不注意，所以就不会有问题。

第二步得要晓得困难的所在，就是要找出困难之点来。如一个人坐在那里发脾汗①是觉着有困难了。用什么方法来解决这个困难，这就跳到第三步，从此想出种种方法来解决。有的画符放在辫子里，有的请巫婆，有的到庙里烧香祷告，有的请医生，有的吃金鸡纳霜②。有了这些法子然后再去选择，这就到了第四步。如：以为老太婆的法子好，就去试一试；不能解决之后，再用其他法子；最后唯有吃金鸡纳霜渐渐的好了。但此刻还不能骤下"金鸡纳霜能治脾汗"的断语，因为焉知不是吃饭时吃了别的东西吃好的呢？所以必须实验一番，这就到第五步了。如在同一情形之下，无论中外、男女、老幼吃了都是灵的，那末，金鸡纳霜能治脾汗就不会错的。

经过这五步工夫，然后才可解决一个问题。这五步方法是科学的方法。

现在教育问题很多。从前人对于教育问题都是囫囵吞枣，犯了一种浮泛的毛病。各个人都会办教育，各个人都可作教育总长，都是教育专家。究竟教育问题是不是如此简单？还是无人不会呢？我们要知道教育在先进国里是一种专门科学，非专门人才不能去办。中国就不是如此。现时要研究的问题，有教育行政、儿童、工具、课程种种。又如，把科学应用到教育行政上去，课堂上教授是不是好的办法？教员、学生都太劳苦是不是有益的事情？

现在教育有两种：（一）如一个新学生坐在洋车上，叫车夫拉着拼命地跑几十里，结果自然是学生逸，车夫苦。但让学生自己再回来恐怕还是不能。（二）如一去不坐车，不识路就问警察，自然是辛苦一点，但走到回来时，包管还能回来的。

总之，每人都存用科学方法去办教育的决心，每人都去研究或解决一个小的问题，我敢说，不出三十年中国教育准有好的成效。

原载 1923 年 1 月 15 日《民国日报·觉悟》

---

① 脾汗，俗语，即疟疾。
② 金鸡纳霜，奎宁的俗称，治疟疾的药。

如何可以不做一个时代落伍者

——致一位青年小学教师

接读你的信,知道你有努力上进之志,我是何等的欣慰啊!我们要不愿做时代的落伍者,必须专攻一门自然科学。自然科学是开向理想世界去的特别快车,你坐在上面,不要下来,决不致落伍。我现在也打算用我后半生之精力来专攻一门科学。我们同坐这部车儿去吧!从农业文明渡到工业文明,自然科学是唯一的桥梁。小学教师必须拿着科学的火把引导儿童过渡。不懂科学的人,不久便不能做教师了。但是有一件事你得留心:科学已经被屠户用做杀人的利器。我们应当从屠户的手里把科学夺过来。我们要教学生用科学渡人,不用科学阻人过渡。我们要拿科学来抑强扶弱。科学的使命,是要造富的社会,不造富的个人。自然科学没有成为国货之前,我们要取得自然科学上最新的知识和方法,还得精通一种外国文。这都是你要认清而必须准备的。你来,我们详说吧?

陶知行

1931 年写

出自 1981 年安徽人民出版社版《行知书信集》

科学的生活

青年的朋友啊!您想得到一位爱人吗?我心里有一个姑娘,愿意介绍您，您可愿意去拜访她而向她追求呢？她姓自名然，我们称她为自然小姐。即使您还没有爱人的话，您也可以依照我指示您的路线去探寻她的芳踪。捉着她！投到她的怀抱里去，要她教您如何可以得着她的爱，情愿将她心里的秘密，一五一十地泄漏给您。

这是多么够味儿的事啊！浪漫的生命。没有这心灵的跳动，不算是科学的生活。

一天到晚沉醉在八股里，充其量，不过是一个科学的书呆子。一年到头闷起头来照样画葫芦的干那刻板的实验，充其量不过是一套科学的猴子戏，这里面没有生命。如果是科学，便是蛇儿成龙时所脱下的壳子，不是活蛇，尤其不是真龙。您必得和自然小姐发生恋爱，尝一尝其中的酸甜苦辣，才算是过着科学的生活。

我现在为您画一条路线吧！

您必得愿意用自己的腿去走路，然后才用得着路线。爱人不是从天上掉下来，您必得上天去找，行动是思想的妈妈。科学是从把戏中玩出来的。您或者要说："我不知道，怎么能行呢？"信我的话吧！科学从无知之行始，以能行之知终。

自然小姐是远在天边，近在眼前，只要您把一双手儿从袖筒里伸出来捞一捞，便可以把她捞着了。只要您肯努力追求，自然小姐是会拿她心里的秘密告诉您的。您若想追求自然小姐，您必得自造工具。不能自造工具而要想得到自然小姐之爱，是比如镜里采花，水中捞月。自然小姐最喜欢熟人，不欢喜生人。您从小便须和她做朋友。您做小学生的时候便要与她订交。最好，在幼稚园里。不，在妈妈的怀里抱里便须与她一块儿玩。过了中学时代您与她还不相认识，那么我怕您终身就无与她见面的姻缘了。

我的路线画好在这里。青年的朋友们！我等着要喝您们的喜酒咧，万一请不起喜酒，那么，喜信也得给我一个吧。

原载1931年10月10日《生活》第6卷第42期

关于科学教育

——致庄泽宣的信

泽宣吾兄：

　　久不晤教，至为想念。

　　晓庄是一个试验学校。晓庄本部虽已被封两年，但是他的试验工作，仍是不断地进行着。几年以来，我们觉得要救中华民族，必须民族具备科学的本领，成为科学的民族，才能适应现代生活。而生存于现代世界。科学要从小教起。我们要造成一个科学的民族，必要在民族的嫩芽——儿童——上去加工夫培植。有了科学的儿童，自然会产生科学的中国和科学的中华民族。这一年来，我们预先编成《儿童科学丛书》百种，在今年暑假以前可以出齐。恰好政府已下令准备将晓庄交还我们。我们在这次国难当中察出，愈觉科学教育之重要。所以我们今后教育方针，准备瞄准向着这条路线上前进，为中华民族去找新生命。所以我们对于接收晓庄，感觉有无限兴奋与希望。

　　我们接收晓庄计划，分成三个步骤：

　　第一步，先恢复晓庄周围四十里的六所小学和六所幼稚园。即以此作四十里周围最经济的普及教育的实验。第二步，在本年暑期中（七月十五日至八月十五日）开办一大规模的暑期学校，专门研究儿童自然科学。定额一千人，招收大学毕业生、各师范科学教师、市县督学、各小学教师分别研究。招收大学毕业生和师范科学教师、市县督学，是预备他们回去，到了明年，各处都有这样几个专门研究儿童自然科学的暑期学校出现，使一年之后，儿童自然科学的主张即可推行到全国，科学的儿童早日造成，科学的中国和科学的中华民族早日实现。

　　暑期学校的生活课程，分为下列十门：

一、儿童的生物；

二、儿童的物理；

三、儿童的化学；

四、儿童的天文；

五、儿童的地球；

六、儿童的几何；

七、儿童的农艺；

八、儿童的工艺；

九、儿童的生理卫生；

十、儿童的科学指导。

现时晓庄小学已经开学了。一面顾到儿童教育，一面即担任筹备暑期学校。一切进行，如小学、幼稚园之经常费，暑期学校自然科学之实验工具、材料，在在需有相当经费，才能推行顺利。明知国难当头，经费来源不易。唯因国难当头，愈益觉得立国根本之教育，更有从速举办的必要。我兄谋国心长，救种虑远，定能赞同是举。对于经费一层，务希酌量帮助。遇有青年教师富有研究儿童自然科学兴趣，而且有志救国大计者，务请劝导保送来学，襄力此盛举。章程随即寄奉。

第三步，恢复师范，就原定之初中、高中、大学各部，逐渐恢复，充实内容，并拟添设研究所，加以高深的研究，使他能成为乡村教育及儿童自然科学之泉源。详细办法，容后奉闻。一切均请随时指导，俾生活教育得以发生效力。是所至盼。敬祝

康健！

弟知行启
二一、三、廿二
原载 1932 年《教育研究》（中大）第 35 期

儿童科学教育

在 20 世纪科学昌明的时代，应当有一个科学的中国，然而科学的中国，谁来负起造就的责任？就是一班小学教师。造成科学的中国，责任大得很啦。小学教师们一定要说："我们负不起这种重大的责任。"别怕。我想，造成科学的中国，也只有小学教师可以负责。因为要建设科学的中国，第一步是要使得中国人个个都知道科学，要使个个人对于科学发生兴趣。年龄稍大的成人们，对于科学引不起他们的兴趣。只有在小孩子身上，施以一种科学教育，培养他们的科学兴趣，发展他们科学上的天才，只要在孩子们中培养出像爱迪生那样的几个科学杰出人才，便不难使中国立刻科学化。所以我说要造成科学的中国，责任是在小学教师。但是谈到科学教育，在施行上大家都觉得有些难色，因为科学是一种很高深很精微的学问，小学教师本身尚未登堂入室，而要负起科学教育的责任，谈何容易。殊不知科学并不是很难的东西，高深的科学固然很难研究，但是浅显的科学，我们日常玩着的，人人都会做。我们用科学的教育训练小孩子，譬如叫小孩子爬树。你教人爬树，如果从小教起，到了长大，便会爬到树顶。如果教成年人学爬树，势必爬到头破血流，非得爬不到顶，并且于他的手足伤害甚多。所以，我们必先造就了科学的小孩子，方才有科学的中国。

再说我们提倡科学教育该怎样的来干呢？取怎样的态度呢？我可以略为申述我的意见：

（1）每个教师都变成小孩子，加入小孩子队里玩把戏。所谓把戏，并不是上海"大世界"游艺场所玩的把戏，像教师这样的尊严，说加入孩子队中玩把戏，似乎不妥当。然而科学把戏，和别的把戏不同，把戏上面加着科学二字，冠冕得多。教师应当和小孩子一起玩，而且应当引导小孩子一同玩。大世界的把戏是秘密的，科学的把戏是公开的。知道的就告诉学生，能做的就做给学生看，总须热忱地去干。

（2）我们对于科学的把戏，既是愿意和小孩一起玩了，但是没有玩的本领那怎么办呢？不要紧，有法儿可想，我们可以找教师，请他教去。我以前曾经写了一首白话诗，诗的第一句说："宇宙为学校。"此话怎讲？就是想把我们的学校除墙去壁，拆掉藩篱，把学校和社会、自然联合一起。这样一来，学校的范围广而且大。第二句："自然是吾师。"大自然便是我们的先生。第三、第四句说："众生皆同学，书呆不在兹。"这样一来，我们研究切磋的同学很多，学问也因此很广，先生亦复不少。怎样把我们书呆的壳子脱掉？在我个人，中了书呆子的毒很深，要返老还童的再去学习，固然困难，然而我极力还想剥去书呆的一层壳。如今我报告我的几桩经过的事情。有一回，我买了一只表送我母亲，这表忽然坏了，便送到修钟表匠那里去修理。修表的人说："要一元六角修费。"我说："可以，不过我有一个条件，在拆开的时候，我要带领我的小孩子来看你拆。"他于是答应了。修钟表匠约定在明天下午一时。到了那个时候，我带领了四五个人同去，看他修理，看他装。完结的时候，我向修钟表匠说，你们的工具和药水是到什么地方去买的？他以为我们也去开什么修理钟表店，未免抢了他的生意，所以秘而不宣，随随便便回答我们说是外国来的。我想物件当然是外国来，但是中国店家，当然也有卖处。上海的钟表店，最大的有"亨达利"。我且到亨达利去问声，究竟有否出卖。谁知亨达利的楼上，多是卖修钟表器械和药水的场所。我便买了几样回来，当晚就到小押当里面去买到了一只表，花钱七角，拿回动手开拆，拆时不费多久，一下便拆开了，但是装可装不上去。直到晚上十二点钟，方才成功。于是大家欢天喜地，不亦乐乎，第二、第三天，大家学着做修表拆表的工作，学不多时，好而且快。这些研究法，不必花钱，而所得者，都是很真切的知识。

所以提倡科学教育，有一点很要注意。我们教小孩子科学，不要叫小孩子做少数富人的奴隶，要做大众的天使，不是徒供少数人的利用和享受，当使社会普通的民众多受其实惠。应当用科学来养生，不当用科学来杀生。这是提倡科学教育最紧要的一点。

一九三二年五月十三日讲

原载 1932 年杭州师范学校编《师范教育学术讲座演讲集》

八、创造的教育

试验主义与新教育

　　《说文》："新，取木也。"木有取去复萌之力，故新有层出不已之义。新教育与旧教育之分，其在兹乎？夫教育之真理无穷，能发明之则常新，不能发明之则常旧。有发明之力者虽旧必新；无发明之力者虽新必旧。故新教育之所以新，旧教育之所以旧，亦视其发明能力之如何耳。发明之道奈何？曰，凡天下之物，莫不有赖于其所处之境况。境况不同，则征象有异。故欲致知穷理，必先约束其境况，而号召其征象，然后效用乃见。此试验之精神，近世一切发明所由来也。彼善试验者立假设，择方法，举凡欲格之物，尽纳之于规范之中；远者近之，微者大之，繁者简之，杂者纯之，合者析之，分者通之，多方以试之，屡试以验之，更较其异同，审其消长，观其动静，察其变化，然后因果可明而理可穷也。例如试验甲乙二教授法之优劣，则必将试验时之一切情形，归为一致。盖必先一其教师，一其教材，一其设备，一其时间，一其地方，而所教之学生又须年龄等，男女等，家境等，程度等，然后施以各异之教法，乃可得而发明焉。

　　故欲求常新之道，必先有去旧之方。试验者，去旧之方也。盖尝论之，教育之所以旧者五，革而新之，其唯试验。所谓五旧者何？

一曰依赖天工 彼依赖天工者，待天垂象，俟物示征，成败利钝，皆委于气数。究其流弊，则以有限之时间，逐不可必得之因果，是役于物而制于天也，安得不为所困哉？困即无自新之力矣。苟其有之，或出于偶然。即有常矣，或所示者吝，吾又安能穷其极而启其新耶？荀子曰："大天而思之，孰与物畜而制之？从天而颂之，孰与制天命而用之？因物而多之，孰与骋能而化之？思物而物之，孰与理物而勿失之也？"此数语可谓中试验精神之窍要矣。盖善试验者，役物而不为物所役；制天而不为天所制。唯其以人力胜天工，故能探其奥蕴，常保其新焉。

二曰沿袭陈法 彼泥古之人，以仍旧贯为能事。行一事，措一词，必求先例。有例可援，虽害不问；无例可援，虽善不行。然今昔时势不同，问题亦异。问题既异，方法当殊。故适于昔者未必适于今。徒执古人之成规，以解决今之问题，则圆枘方凿，不能相容，何能求其进步也？故欲求教育刷新进步，必先有试验，以养成其自得之能力。能自得，始能发明；能发明，则陈法自去，教育自新矣。

三曰率任己意 教育为一种专门事业，必学焉而后成。然从事教育之人，偏欲凭一己一时之意，以定进行之趋向。故思而不学，凭空构想者有之；一知半解，武断从事者有之；甚至昧于解决，以不了了之者亦有之。空想则无新可见；武断则绝自新之路；不了了之，则直无新之希望矣。欲救斯弊，必使所思者皆有所凭，所断者皆有所据；困难之来，必设法求所以解决之，约束之，利用之：凡此皆试验之道也。

四曰仪型他国 今之号称新人物者，辄以仪型外国制度为能事；而一般人士，见有能仪型外人者，亦辄谓为新人物。虽然，彼岂真能新哉？夫一物之发明，先多守秘密。自秘密以迄于公布，须历几何时？自公布以迄于外传，又须历几何时？况吾所仪型者，或出于误会。以误传误，为害非浅。即得其真相，而转辗传述，多需时日。恐吾人之所谓新者，他人已以为旧矣。不特此也。中外情形有同者，有不同者。同者借镜，他山之石，固可攻玉。不同者而效焉，则适于外者未必适于中。试一观今日国中之教育，应有而无，应无而有者，在在皆是。此非仪型外国之过欤？若能实心试验，则特别发明，足以自用。公共原理，足以教人。教育之进步，可操左券矣。

五曰偶尔尝试 当一主义发生之时，必有人焉慕其美名而失其真意。其弊也，弥近似而大乱真。乃时人不察，误认试验为尝试。计划不确，方法无定，新猷未出，已中途而废矣。彼真试验者则不然。必也有计划，有方法，视阻力为当然，失败为难免，具百折不回之气概，再接再厉之精神。成败虽未可必，然世界实由此而进步，教育亦由此而进步。此岂特尝试之见者所可能哉！

既能塞陈旧之源，复能开常新之道，试验之用，岂不大哉！推类至尽，发古人所未发，明今人所未明，皆试验之力量也。吾国数千年来相传不绝之方法，唯有"致知在格物"一语。然格物之法何在，晦庵与阳明各持一说。晦翁以"即物穷理"释之，近矣。然而即物穷理，又当用何法乎？无法以即物穷理，则物仍不可格，知仍不可致。阳明固尝使用即物穷理者也，其言曰，"初年与钱友同论做圣贤，要格天下之物。……因指亭前竹子令去格看，钱子早夜去穷格竹子的道理，竭其心思，至于三日，便致劳神成疾。当初说他这时精力不足，某因自去穷格，早夜不得其理，到七日亦以劳思致疾。……及在夷中三年，颇见得此意思，乃知天下之物本无可格者；其格物之功，只在身心上做"。类此者，皆坐格物不得其法之弊也。假使阳明更进一步，不责物之无可格，只责格之不得法，兢兢然以改良方法自任，则近世发明史中，吾国人何至迄今无所贡献？然亡羊补牢，未为晚也。全国学者，苟能尽刷其依赖天工、沿袭旧法、仪型外国、率任己意、偶尔尝试之旧习，一致以试验为主，则施之教育而教育新，施之万事而万事新，未始非新国新民大计也。不然，若以应时为尽新之能事，则彼所谓旧教育者，当时亦尝为新教育也；而今之新教育，又安知他日不或旧耶？

原载 1919 年 2 月《新教育》第 1 卷第 1 期

试验教育的实施

试验主义与新教育的关系，在第一期《新教育》月刊上已经论过。现在所要继续研究的问题，就是怎样将这实验的教育实行出去。照我看来，建设试验的教育，约有四种主要办法。

（一）应该注意试验的心理学

心理学是一切教学方法的根据，要想在教学上求进步，必须在心理学上注重试验。现在中国各级师范学校所教的心理学，不是偏重书本的知识，就是偏重主观的研究。推其结果，不独没有发明，就是所教所学的，也是难于明了。所以现在第一件要事，就须提倡试验的心理学。大学校的教育科和高等师范学校，都应当设备相当的心理学仪器。至于初级师范学校，也应当拣那必不可少的设备起来，使教员学生都有试验的机会。心理学有了试验，然后那依据心理的教育也就不致蹈空了。

（二）应该设立试验的学校

我们现在所有的学校，大概都是按着一定的格式办的，目的有规定，方法有规定。变通的余地既然很少，新理安能发现？就以师范学校的附属学校而论，有为实地教授设的，也有为模范设的，但为试验教育原理设的，简直可以说没有。所以全国实行的课程、管理、教学、设备究竟是否适当，无人过问，也无从问起。为今之计，凡是师范学校及研究教育的机关，都应当注重试验的附属学校；地方上也应当按着特别情形，选择几个学校，做试验的中心点。不过试验的时候，第一要得人，第二要有缜密的计划。随便什么学校，如果合乎这两个条件，就须撤消一切障碍，使它得以自由试验。如不得其人，又无缜密的计划，那仍是轻于尝试，不是真正的试验了。

（三）应当注意应用统计法

教育的原则，不是定于一人的私见，也不是定于一事的偶然。发明教育原理的，必须按着一个目的，将千万的事实征集起来，分类起来，表列起来，再把它们的真相关系一齐发现起来，然后乃能下他的判断。这种方法，就叫做统计法。试验教育是个很繁杂的事体，有了这种方法，才能以简御繁，所以统计法是辅助试验的一种利器，也是建设新教育的一种利器。研究教育的人，果能把这个法子学在脑里，带在身边，必定是受用无穷的。所以研究教育的机关，就须按着程度的高下，加入相当分量的统计法，列为正课，使那从事研究的人，能得一个操纵事实的利器。

（四）应该注重试验的教学法

试验的教学法，有一个最要之点，这要点就是如何养成学生独立思想的能力。现在通用的方法，只是赫尔巴的五段教授①，总嫌他过于偏重形式。最好是把杜威的思想分析拿来运用。按照杜威先生的意思：第一，要使学生对于一个问题处在疑难的地位；第二，要使他审查所遇见的究竟是什么疑难；第三，要使他想办法解决，使他想出种种可以解决这疑难的方法；第四，要使他推测各种解决方法的效果；第五，要使他将那最有成效的方法试用出去；第六，要使他审查试用的效果，究竟能否解决这个疑难；第七，要使他印证，使他看这试用的法子，是否屡试屡验的。这几种方法，只是一套手续。有了这个方法，再加些应有的设备，必能养成学生一种试验的精神。

上面所举的四种方法当中，前三种是改造教育家应有的手续。他们的目的在使担任教育事业的人，得了一种精神方法，能够发明教育的原理。第四种是改造国民应有的手续，他的目的在使普通国民，得了一种精神方法，能够随时、随地、随事去做发明的工夫。总而言之，会试验的教育家和会试验的国民都是试验教育所要养成的。

原载1919年4月14日《时报·教育周刊·世界教育新思潮》第8号

---

① 赫尔巴，即赫尔巴特。五段教授，即赫尔巴特学派主张的一种关于课堂教学阶段的理论。分为：预备、提示、联想、总括、应用。通称"五段教学法"。

教育就是生活的改造①

教育就是生活的改造。我们一提及教育便含了改造的意义。教育好比是火，火到的地方，必使这地方感受他的热，热到极点，便要起火。"一星之火，可以燎原"，教育有这样的力量。教育又好比是冰，冰到的地方，必使这地方感受他的冷，冷到极点，便要结冰。教育有力量可以使人"冷到心头冰到魂"。或是变热，或是变冷，都是变化。变化到极点，不是起火便是结冰。所以教育是教人化人。化人者也为人所化。教育总是互相感化的。互相感化，便是互相改造。

社会是个人结合所成的。改造了个人便改造了社会，改造了社会便也改造了个人。寻常人以为办学是一事，改造社会又是一事，他们说："办学已经够忙了，还有余力去改造社会吗？"他们不知道学校办得得法便是改造社会。没有功夫改造社会便是没有功夫办学。办学和改造社会是一件事，不是两件事。改造社会而不从办学入手，便不能改造人的内心；不能改造人的内心，便不是彻骨的改造社会。反过来说，办学而不包含社会改造的使命，便是没有目的，没有意义，没有生气。所以教育就是社会改造，教师就是社会改造的领导者。在教师的手里操着幼年人的命运，便操着民族和人类的命运。

地方教育及乡村改造的成败，是靠着人才为转移。所以培养乡村师资是地方教育之先决问题，也就是改造乡村的先决问题。不在培养人才上做工夫，一切都是空谈。现今各县对于乡村教育及乡村改造已有浓厚的兴趣，但是对于一县的乡村师范，每年只肯花数千元。固然也有多花的，但

---

① 篇名为编者所加。

是寥若晨星。我们要想达到运用教育改造乡村的目的，必须出代价去培养教师，去培养教师的教师。江苏加征亩捐是个最好的机会，我以为在这义务教育萌芽时期，这笔钱应当多用于培养教师，少用在开办新校。教师得人，则学校活，学校活，则社会活。倘使有活的教师，各办一所活的小学，作为改造各个乡村的中心，再以师范学校总其成，继续不断地领导各校各村前进，不出十年，必著成效。依我的愚见看来，这是地方教育根本之谋，也是改造乡村根本之谋。

引自《地方教育与乡村改造》，载1929年2月《地方教育》第1期

献给自由世界之创造者

——《申报》六十周年纪念

做人只做自由人，
敲钟只敲自由钟。
众生共走自由路，
海阔天空路路通。

出自陶行知著《斋夫自由谈》，《申报》馆1932年4月版

教劳心者劳力、教劳力者劳心①

中国现在危机四伏，存亡一缕，做成这个的原因，就是这山穷水尽的传统教育。我们要挽回国家的危亡，必须打破传统的教育而寻生路。我觉得目前中国的教育只有两条路线可以走得通：

（1）教劳心者劳力——教读书的人做工
（2）教劳力者劳心——教做工的人读书

站在现在的时代前，劳心不劳力的固然不行，劳力不劳心的也是不行。中国比不上外国，原因即在乎此。现在英美法意日俄的教育都注意到教劳心的人劳力，教劳力的人劳心，尤以俄国为显现。中国的教育自然也应该走这两条路线——教读书的人做工，教做工的人读书。

中国读书的人不去生利，是一个极不好的现象。现在的教育者要把他们的头脑灌输成科学化，使他们为自己创造，为社会创造，为国家创造，为民族创造。更要把他们的一双手解放开来，使他们为自己生利，为社会生利，为国家生利，为民族生利，这才是对的。南通中学现在应了这个要求，招了六十个学生，先行试试脑手同训练。他们一星期上课，一星期做工，每日工作六小时，所做的工作为金工、土工、木工、竹工，甚至磨豆腐、包面包都来。实行了半年之后，考查他们的学业，程度和其他学生相等，不过教学差些。这六十个学生，既然能够做工，并且能赶得上他们的学业，这是他们已经把两手解放了。我希望他们学校当局推广之，都实行这种工读的设计，同时更希望全国学校都采用，尤其是对于高等教育更为必要。

---

① 篇名为编者所加。

中国做工的人，不去求知，这也是一个极大的缺憾。无论哪一个国家的工人比中国的工人程度总要胜过一等，这是事实，无须我们置辩的。因此我国的工人也就只配作被支配的阶级，作被剥削的民众，若要拿"主人翁"的一等金交椅给他们坐，他们是无所措其手足。所以教做工的人读书，是最重要的而且是刻不容缓的。

现在已经把用脑的人要用手、用手的人要用脑的理由说过了，希望我们负有教育责任的人，都要注意注意。现在还有一首诗拿来劝劝大家手脑并用。

人生两个宝，

双手与大脑。

用手不用脑，

快要被打倒；

用脑不用手，

饭也吃不饱；

手脑都会用，

才算是开天辟地的大好佬。

引自《目前中国教育的两条路线——教劳心者劳力、教劳力者劳心》，载 1932 年 11 月 28 日《教育周刊》第 137 期

创造的教育（节选）

什么是创造的教育？先说明"创造"两个字的意义。我举两个例子来说吧。

鲁滨孙漂流到荒岛上去，口渴了，白天他走到海边用手去捧水喝，到黑夜里就没有办法了。他偶而在灶的旁边，看见经火烧过的泥土，硬得如

石子一样。他想到软的土经火烧了，就成坚固且硬的东西，于是他把土做成三个瓶子，放入火中去烧，烧碎了一个，其余的两个可以满满地盛着水。于是他口渴的问题完全解决了。我们把这件事分析起来，可以发现三点：他把手捧水喝，到黑夜发生了困难，是他的行动；发现泥土经过火烧变成坚固且硬的东西，也是他的行动；把泥土塑成了瓶，希望同烧过的土一样的坚固，是他的思想。结果，他瓶子盛水的计划成功了，是新价值的产生。由行动而发生思想，由思想产生新价值，这就是创造的过程。这个例子是"物质的创造"。再如《红楼梦》上刘姥姥游大观园，贾母请客，后来唤了二只船来，贾母同媳妇等人在前船先行，宝玉同姊妹们在后船后行。河内尒满着破残荷叶，宝玉的船划不快，追不上前船。宝玉心里非常忿怒，马上要铲光破荷叶。薛宝钗说："现在仆人们很忙碌，等他们空了，再叫他们铲除吧！"林黛玉说："我平生最不喜欢李义山的诗，只有一句还可以。"宝玉问她究竟是哪一句呢？黛玉说，"留得残荷听雨声"一句。宝玉一想，觉得破荷叶很有用处，就不再要铲荷叶了。这个例子中，船行到荷叶中去，是行动；破荷叶妨碍行船，是行动；林黛玉提出李义山的诗句，是思想；宝玉心中厌恶的破荷叶，一变而为可爱的天然乐器，是产生了新的价值。这种新观念的成立，是"心理的创造"。

我现在再讲行动，关于教育上的行动。中国现在的教育是关门来干的，只有思想，没行动的。教员们教死书，死教书，教书死；学生们读死书，死读书，读书死。所以那种教育是死的教育，不是行动的教育。行动的教育，要从小的时候就干起。要解放小孩的自由，让他做有意思的活动，开展他们的天才。

我们要打倒传统的教育，同时要提倡创造的教育。他的办法是怎样呢？我们知道，传统的教育，他们一个教室容纳四五十人，试问教师的力量有多么大，能够完全去推动全级学生？所以就发生了教育方法上的错误。我们现在的办法是教师教大徒弟，大徒弟再去教小徒弟，先生在上了几堂课以后，鉴别了几个较有天才、聪明的大徒弟。以后教师就专门去教大徒弟，所以他的精神容易去推动他们，学问也容易灌输到他们头脑中去。大徒弟再把他所得到的，分别的去教那些小徒弟。学生们很活动的去找寻知识，解释困难，贡献他所求得的知识，先生不过站在旁边的地位略加指点而已。我们认为这种教育，是行动的教育。有行动才能得到知识，有知识才能创造，有创造才有热烈的兴趣。所以我们主张"行动"是中国教育的开始，"创造"是中国教育的完成。

其次我要讲的：现在中国的教育组织，是不能创造的。我们可以分两种来说：第一种是，学校是学校，社会是社会。他们认为学校是求知的地方，社会是行动的地方；他们说读书不忘救国，救国不忘读书。日本人的炮弹已经飞到他们面前，还是子曰子曰读他的书，这种教育是亡了中国还不够的。第二种，他们已经觉得学校是离不开社会的，所以他们主张"学校社会化"。他们想把社会的一切，都请到学校里来，所以学校里什么都有：公安局啦，卫生局啦，市政厅啦，什么都有。但是他们所做的与社会依旧是隔膜的。况且学校有多么大，能够包罗万象？创造的教育是怎样呢？就是"以社会为学校""学校和社会打成一片"，彼此之间，很难识别的。社会含有学校的意味，学校含有社会的意味。我们要把学校的围墙拆去，那么才可能与社会沟通。这种围墙不是真围墙，是各人心中的心墙。各人把他的感情、态度从以前传统教育那边改变过来，解放起来。实则这种教育，只要有决心去干，是很容易办到的。我们自近而后远，先小而后大，着手办去，把小孩子、农人、工人都培养起来，这才是创造教育的目的。

现在我再要讲，创造的教育是以生活为教育，就是生活中才可求到教育。教育是从生活中得来的，虽然书也是求知之一种工具，但生活中随处是工具，都有教育。况且一个人有整个的生活，才可得整个的教育。有许多学校对于男女学生的恋爱，他们是讳莫如深，但恋爱问题往往在学校里闹遍。现在生活的教育是怎样呢？我们知道恋爱、吃饭等问题都是非常重要的，所以，恋爱先生我怕你，请你进来；吃饭先生我怕我，请你进来，我们一块儿干吧！我们的教育非但要教，并且要学要做。教而不学，学而不做，叫做"忘三"。我们要能够做，做的最高境界就是创造。我们要能够学，学从生活中去学，只知学而不知做，就不是真的学。我们要能够教，教要教得其所，要有整个的教育，平等的行动的教育，不要像现在畸形的教育。有人说我的创造教育，不成其为学校，我做了一首诗："谁说非学校，就算非学校。依样画葫芦，简直太无聊。"

原载 1933 年 3 月《教育建设》第 5 辑

教育的新生（节选）

宇宙是在动，世界是在动，人生是在动，教育怎能不动？并且是要动得不歇，一歇就灭！怎样动？向着哪儿动？

我们要想寻得教育之动向，首先就要认识传统教育与生活教育之对立。一方面是生活教育向传统教育进攻；又一方面是传统教育向生活教育应战。在这空前的战场上徘徊的、缓冲的、时左时右的是改良教育。教育的动向就在这战场的前线上去找。

传统教育者是为办教育而办教育，教育与生活分离。改良一下，我们就遇着"教育生活化"和"教育即生活"的口号。生活教育者承认"生活即教育"：好生活就是好教育，坏生活就是坏教育，前进的生活就是前进的教育，倒退的生活就是倒退的教育；生活里起了变化，才算是起了教育的变化。我们主张以生活改造生活，真正的教育作用是使生活与生活摩擦。

为教育而办教育，在组织方面便是为学校而办学校，学校与社会中间是造了一道高墙。改良者主张半开门，使"学校社会化"。他们把社会里的东西，拣选几样，缩小一下搬进学校里去，"学校即社会"就成了一句时髦的格言。这样，一只小鸟笼是扩大而成为兆丰花园里的大鸟笼。但它总归是一只鸟笼，不是鸟世界。生活教育者主张把墙拆去。我们承认"社会即学校"：这种学校是以青天为顶、大地为底、二十八宿为围墙，人人都是先生都是学生都是同学；不运用社会的力量，便是无能的教育，不了解社会的需求，便是盲目的教育。倘使我们认定社会就是一个伟大无比的学校，就会自然而然的去运用社会的力量，以应济社会的需求。

原载 1934 年 10 月《新生》第 1 卷第 36 期

创 造 宣 言

创造主未完成之工作，让我们接过来，继续创造。

宗教家创造出神来供自己崇拜。最高的造出上帝，其次造出英雄之神，再其次造出财神、土地公、土地婆来供自己崇拜，省事者把别人创造现成之神来崇拜。

恋爱无上主义者造出爱人来崇拜。笨人借恋爱之名把爱人造成丑恶无耻的荡妇来糟踏，糟踏爱人者不是奉行恋爱无上主义，而是奉行万恶无底主义的魔鬼，因为他把爱人造成魔鬼婆。

美术家如罗丹，是一面造石像，一面崇拜自己的创造。

教育者不是造神，不是造石像，不是造爱人。他们所要创造的是真善美的活人。真善美的活人是我们的神，是我们的石像，是我们的爱人。教师的成功是创造出值得自己崇拜的人。先生之最大的快乐，是创造出值得自己崇拜的学生。说得正确些，先生创造学生，学生也创造先生，学生先生合作而创造出值得彼此崇拜之活人。倘若创造出丑恶的活人，不但是所塑之像失败，亦是合作塑像者之失败。倘若活人之塑像是由于集体的创造，而不是个人的创造，那末这成功失败也是属于集体而不是仅仅属于个人。在一个集体当中，每一个活人之塑像，是这个人来一刀，那个人来一刀，有时是万刀齐发。倘使刀法不合于交响曲之节奏，那便处处是伤痕，而难以成为真善美之活塑像。在刀法之交响中，投入一丝一毫的杂声，都是中伤整个的和谐。

教育者也要创造值得自己崇拜之创造理论和创造技术。活人的塑像和大理石塑像有一点不同，刀法如果用得不对，可以万像同毁，刀法如果用得对，则一笔下去，万龙点睛。

有人说：环境太平凡了，不能创造。平凡无过于一张白纸，八大山人挥毫画他几笔，便成为一幅名贵的杰作。平凡也无过于一块石头，到了飞帝亚斯、米开朗基罗的手里可以成为不朽的塑像。

有人说：生活太单调了，不能创造。单调无过于坐监牢，但是就在监牢中，产生了《易经》之卦辞，产生了《正气歌》，产生了苏联的国歌，产生了《尼赫鲁自传》。单调又无过于沙漠了，而雷塞布（Lesseps）竟能在沙漠中造成苏彝士运河，把地中海与红海贯通起来。单调又无过于开肉包铺子，而竟在这里面，产生了平凡而伟大的平老静。

可见平凡单调，只是懒惰者之遁辞。既已不平凡不单调了，又毋需乎创造。我们是要在平凡上造出不平凡；在单调上造出不单调。

有人说：年纪太小，不能创造。见着幼年研究生之名而哈哈大笑。但是当你把莫扎尔特、爱迪生及冲破父亲数学层层封锁之帕斯加尔（Pascal）的幼年研究生活翻给他看，他又只好哑口无言了。

有人说：我是太无能了，不能创造。但是鲁钝的曾参传了孔子的道统。不识字的慧能①，传了黄梅②的教义。慧能说："下下人有上上智。"我们岂可以自暴自弃呀！可见无能也是借口。蚕吃桑叶，尚能吐丝，难道我们天天吃白米饭，除造粪之外，便一无贡献吗？

有人说：山穷水尽，走投无路，陷入绝境，等死而已，不能创造。但是遭遇八十一难之玄奘，毕竟取得佛经；粮水断绝，众叛亲离之哥仑布，毕竟发现了美洲；冻饿病三重压迫下之莫扎尔特，毕竟写出了《安魂曲》。绝望是懦夫的幻想。歌德说：没有勇气一切都完。是的，生路是要勇气探出来，走出来，造出来的。这只是一半真理；当英雄无用武之地，他除了大无畏之斧，还得有智慧之剑，金刚之信念与意志，才能开出一条生路。

---

① 慧能，亦作惠能（638—713），俗姓卢。出家学佛，为唐代高僧、禅宗六祖。
② 黄梅，湖北地名，指代禅宗五祖弘忍（601—674）。

古语说，穷则变，变则通，要有智慧才知道怎样变得通，要有大无畏之精神及金刚之信念与意志才变得过来。

所以：处处是创造之地，天天是创造之时，人人是创造之人，让我们至少走两步退一步，向着创造之路迈进吧。

像屋檐水一样，一点一滴，滴穿阶沿石。点滴的创造固不如整体的创造，但不要轻视点滴的创造而不为，呆望着大创造从天而降。

东山的樵夫把东山的茅草割光了，上泰山割茅草，泰山给他的第一印象是：茅草没有东山多，泰山上的"经石峪"、"无字碑"；"六贤祠"、"玉皇顶"；大自然雕刻的奇峰、怪石、瀑布，豢养的飞禽、走兽、小虫，和几千年来农人为后代种植的大树，于他无用，都等于没有看见。至于那种登泰山而小天下之境界，也因急于割茅草看不出来。他每次上山拉一堆屎，下山撒一泡尿，挑一担茅草回家。尿与屎是他对泰山的贡献，茅草是他从泰山上得到的收获。茅草是平凡之草，而泰山所可给他的又只有这平凡之草，而且没有东山多，所以他断定泰山是一座平凡之山，而且从割草的观点看，比东山还平凡，便说了一声："泰山没有东山好。"被泰山树苗听见，想到自己老是站在寸土之中，终年被茅草包围着，陡然觉得平凡、单调、烦闷、动摇，幻想换换环境。一根树苗如此想，二根树苗如此想，三根树苗如此想，久而久之成趋向，便接二连三的，一天一天的，听到树苗对樵夫说："老人家，你愿意带我到东山去玩一玩么？"樵夫总是随手一拔，把它们一根一根的和茅草捆在一起，挑到东山给他的老太婆烧锅去了。我们只能在樵夫的茅草房的烟囱里偶尔看见冒出几缕黑烟，谁能分得出那一缕是树苗的，那一缕是茅草的化身？

割草的也可以一变而成为种树的老农，如果他肯迎接创造之神住在他的心里。我承认就是东山樵夫也有些微的创造作用——为泰山剃头理发，只是我们希望不要把我们的鼻子或眉毛剃掉。

创造之神！你回来呀！你所栽培的幼苗是有了幻想，樵夫拿着雪亮的镰刀天天来，甚至常常来到幼苗的美梦里。你不能放弃你的责任。只要你肯回来，我们愿意把一切——我们的汗，我们的血，我们的心，我们的生命——都献给你。当你看见满山的幼苗在你监护之下，得到我们的汗、血、心、生命的灌溉，一根一根的都长成参天的大树，你不高兴吗？创造之神！你回来呀！只有你回来，才能保证参天大树之长成。

罗丹说："恶是枯干。"汗干了，血干了，热情干了，僵了，死了，死人才无意于创造。只要有一滴汗，一滴血，一滴热情，便是创造之神所爱住的行宫，就能开创造之花，结创造之果，繁殖创造之森林。

一九四三年十月十三日　写于凤凰山
原载1944年1月15日时代印刷出版社版《育才学校手册》

创造年献诗

苟教"择一而壹焉"，
莫跟鼯鼠学五技。
凿井愈深口愈大，
博学首要在好一。
笼统哥哥要不得，
歧路之上快别离。
大题不可以小做，
小题大做做到底。
书若尽信不如无，
引书皆须注来历。
行以求知知更行；
不知直认为不知；
遍览已知求未知；
以知与人己愈知。
道听途说悬断语，

屡试屡验验还试。
"武断""以为"靠不住,
存在由来定意识。
解剖本体寻条理,
追踪外缘找联系。
矛盾相克复相生,
数量满盈能变质。
源头之上搜证据,
观察发展觅定律。
文化钥匙要活用,
开发天人大神秘。
愿将真理化大利,
润泽苍生乃仁义。
日日月月积成年,
努力创造新天地。

原载 1944 年 1 月 15 日时代印刷出版社版《育才学校手册》

九、 儿童的教育

如何使幼稚园普及

教人要从小教起。幼儿比如幼苗，必须培养得宜，方能发荣滋长，否则幼年受到损伤，即不夭折，也难成材。所以，小学教育是建国之根本，幼稚教育尤为根本之根本。小学教育应当普及，幼稚教育也应当普及。如何使幼稚教育普及，是我们最关心的一个问题。依我看来，进行幼稚教育之普及要有三个步骤。

（一）改变我们的态度　一般人的态度总以小孩子的教育不关重要，早学一两年，或迟学一两年，没有多大关系。我们很漠视小孩子的需要、能力、兴味、情感。因此，便不知不觉的漠视了他们的教育，把他们托付给老妈子，托付给街上的伙伴。在这种心理之下，幼稚园是不会发达的。我们要想提倡幼稚园，必须根本化除这种漠视的态度。我们必须唤醒国人明白幼年的生活是最重要的生活，幼年的教育是最重要的教育。

关心幼儿的父母，明白幼稚教育之重要，并且愿意送子女进幼稚园。但是他们有一种牢不可破的成见也是要不得的。这成见就是不愿他们的子女与贫苦人家的子女为伍。他们以为自己的子女进了幼稚园便要把他们的子女带坏了。因此，幼稚园便成了富贵人家和伪智识阶级的专利品。我们应当知道民国只有人中人，没有人上人，也就没有人下人。人中人是要从孩子中造就出来的。教育者的使命是要运用好孩子化坏孩子，不应当把好孩子和坏孩子分开，更不应当以为富贵人家的孩子是好孩子，贫苦人家的孩子是坏孩子；尤其不可迁就富贵人家的意见排斥贫苦人家的儿女。

承认幼年生活教育之重要，是普及幼稚园之出发点；承认幼稚园为全社会幼儿的教育场所，是普及正当幼稚园的出发点。我们必须得到这两种态度，幼稚园才有普及的希望。

（二）**改变幼稚园的办法**　幼稚园的办法是费钱的，不想法节省，必不容易普及。最需要幼稚园的地方是乡村与女工区。女工区的幼稚园，还可由工厂担负经费，纵使用费太多，尚易筹措。乡间是民穷财尽，费钱较少之小学尚且不易普及，何况费钱加倍的幼稚园呢？所以在乡间推行幼稚园好比是牵只骆驼穿针眼。我们必须向着省钱的方针去谋根本改造，幼稚园才有下乡的希望，才有普及的希望。

（三）**改变训练教师的制度**　普及教育的最大难关是教师的训练。我们要想普及幼稚教育至少需要教师一百五十万人。这是一个最难的问题。因为不但是经费浩大，并且训练不得其法，受了办理幼稚园的训练，不一定去办幼稚园，或者是去办一个不合国情的幼稚园，那就糟了。幼稚师范是要办的，但幼稚师范必须根本改造，才能培养新幼稚园之师资。纵然如此，我们也不能专靠正式幼稚师范去培养全部的师资。我们现在探得一条新途径，很能使我们乐观。试验乡村师范学校的幼稚师范院在燕子矶设立了一所乡村幼稚园，叫做第二中心幼稚园。开办之初便收了三位徒弟，跟着幼稚教师徐老师学办幼稚园，张宗麟先生任指导。前天他和我谈起，幼稚园的徒弟制似可推行到小学里去，并且可以解除乡村小学教员的一个大问题——生活寂寞。我说："这是的的确确的。徒弟制不但能解除生活寂寞，并且能促进普及教育之推行。"普及小学教育及幼稚教育非行徒弟制不可。徒弟制的流弊是：劳力而不劳心，师傅不肯完全传授，对于徒弟之虐待。假使我们能采徒弟制之精华而除去他的流弊，必定是很有成效的。若把这种办法应用到幼稚园里来，我是深信他能帮助幼稚教育普及的。

以上所说的普及幼稚教育的三个步骤，不过是我个人所见到的，一定有很多遗漏的地方。关心幼儿幸福的同志，倘以别的好方法见教，那就感激不尽了。

出自 1928 年 4 月上海亚东图书馆版《中国教育改造》

一个教师与家长的答复

——出头处要自由（节选）

你们要知道种树吗？底下可以安根，上面可以出头，幼苗才能种得活。有水分、肥料、空气、阳光而无虫害，幼苗才能长成大树。园丁的责任在灌溉、施肥、除害虫而不没收它的自由的空气和阳光，则幼苗自能欣欣向荣了。花园里给人玩赏的树木，四面是有死木头撑住，并有绳子把它们扎成种种曲线美。这些是树少爷，因为有树听差服侍它们；有的是树小姐，因为它们裹脚束腰，和人间不自尊的姑娘大同小异。树少爷、树小姐只是人的玩物，这中间找不出栋梁材。栋梁材是长在森林里，兴安岭的幼树可有树听差服侍？谁见过它们裹过脚束过腰？如果你想叫幼苗端端正正的长起来，也难也容易。小树生在大树中间，若大树端正，则小树须向上吸收阳光，自必端正，这不是很容易吗？若大树惯于折腰，罩在小树上，小树得不着阳光，想它端正便是万难。所以：出头处要自由！

我既主张出头处要自由，那么，"自由"的涵义是什么也得说明。自由是以自己的意志指挥自己的行动。个人的自由是以个人自己的意志指挥个人自己的行动。自由这个名词是含有自主、自决、自动、自得种种意义，扩而大之，是要各得其所。自由人是奉头脑做总司令。他的反面是奴隶。他自己不愿做奴隶，也不要人做他的奴隶。放荡不是自由，因为放荡的人是做了私欲嗜好的奴隶而不能自拔。一个人若做了私欲嗜好的奴隶便失掉了自由。青年人不可借自由之美名去过放荡的生活；教师、家长也不可假借放荡之罪名去剥削青年小孩子生长所必需之自由。根据以上所说，我的断语是：

"失掉自由，不能成人。"

原载 1931 年 12 月 11 日—12 日《申报·自由谈》

儿子教学做（节选）

民国十七年，我用上等宣纸装订了一本美丽的大簿子，放在办公桌上，以备学生们质疑问难。这本簿子的封面贴了一条泥金的标签，上面由我自己写了"人生问题"四个字。簿子旁边放了一张通告，欢迎大家将各人心窝里的问题写出来使我可以预先考虑，再行答复。在美的簿子上写心中事是多么有诗意的一回事啊！不消得说，鸡脚字是不好意思写在上面。我的目的是达到了：同学们每人来写问题之先，必将问题里面的一些字练习好多次，才愿下笔。所以，我这本簿子不但是网罗了如珠似玉的问题川流不息地来到，而且写问题的字无形中也就艺术化了。

一天，我把人生问题簿翻开一看，发现了这样一个问题：

"夫子的儿子教学做，可得而闻乎？"

这问题的涵义是丰富极了，给了我一个很深刻的戟刺。从此以后，我便时常自己问自己说："儿子教学做这门课该如何去上？"现在把最近上的一课发表出来，以供有儿子的人们参考。

儿子要在做上学做上教，这是没有疑义的。我希望每个儿子做成一个什么样的儿子，我得把自己先做成那样一个儿子。我要教儿子自立立人，我自己就得自立立人。我要教儿子自助助人，我自己就得自助助人。最近我和小孩们商议出一个自立立人、自助助人的教学做过程，内分四个阶段：

第一个阶段　三餐喂得饱，个个喊宝宝；

第二个阶段　小事认真干，零用自己赚；

第三个阶段　全部衣食住，不靠别人助；

第四个阶段　自活有余力，帮助人自立。

中国社会对于小孩的教育普遍只有两个阶段：一个是全然依赖；二是忽然自立。这中间缺少渐进的桥梁。倘若成人突遇变故，小孩失其所依，这是多么难受的痛苦啊！

原载1932年1月23日—24日《申报·自由谈》

假如我重新做一个小孩

假如我重新做一个小孩，
我要实行三到：眼到，心到，手到。
我要问，虚心的问：问古，问今，
问未来；问天，问人，问万物。
我要孝顺父母，为父母做事。
我要每天背一段好文章。
我要每天背一段外国文。
我要帮助老百姓。
我要注意身体，康健第一。
我决不为争取第一而伤身体。
我要立志做小事，立志做大事。
我要学人的长处，不学人的坏处。
要拜七十二行做先生。
我要养成好习惯，特别是好学的习惯。

我要多玩玩。

我要亲近万物，大自然，大社会，

运用公园，山林。

三十四年四月二十二日
原件存于南京晓庄学院陶行知先生纪念馆

正确的儿童观[①]

儿童是应该快乐的，而现在中国的儿童是非常痛苦。固然有许多人才是从痛苦中长大起来，但是成人的责任是应该把社会改造得好一点，使未成熟的儿童少吃点苦，多享点福。我们应该负起责任来，敲碎儿童的地狱，建立儿童的乐园。不够，我们应该引导儿童把地狱敲碎，让他们自己创造出乐园来。

第一，我们应该承认儿童的人权。儿童的人权从怀胎的时候开始。打胎虽有法律禁止，但是社会上还是流行着。为着恐怕私生子为人轻视，便从源头上取消了他的生存权。也有因为贫穷而不能教养而出此残忍手段，使已得生命之胎儿不能见天日。我们只须读一读孔子、耶稣的故事，便知道剥削儿童生存权是何等的罪恶。每逢饥荒便听得见"易子而食"，这虽然说是被迫无法才出此下策，但也是把小孩的生命当作次一等所致。我们要解除儿童痛苦增进儿童福利，首先要尊重儿童的人权。

第二，我们应该了解儿童的能力需要。儿童有许多痛苦是由于父兄师长之不了解。不了解则有力无处用，有苦无处说！我们要知道儿童的能力需要，必须走进小孩的队伍里去体验而后才能为小孩除苦造福。我们必须

[①] 篇名为编者所加。

重生为小孩，不失其赤子之心，才能为儿童谋福利。

第三，承认了儿童的人权并了解了儿童的能力需要，才有可能谈儿童福利，否则难免隔靴搔痒，劳而无功。

我们对于儿童有两种极端的心理，都于儿童有害。一是忽视，二是期望太切。忽视则任其像茅草样自生自灭，期望太切不免揠苗助长，反而促其夭折。所以合理的教导是解除儿童痛苦增进儿童幸福之正确路线。我们必须沿这路线进行，才能使儿童脱离苦海进入乐园。

引自《敲碎儿童的地狱，创造儿童的乐园》，载 1944 年 12 月 16 日《时事新报》

民主的儿童节（节选）

儿童的生活，是一面社会的镜子。

一个国家的政治经济是不是民主的，用不着争论，只须拿这一面镜子照一照，就明白了。因为儿童真是人微言轻，政治经济在儿童身上反映是最彻底而难以隐藏的。如果"月到中秋分外明"这句话是正确的，那么，您在儿童节的儿童生活的反映上更可以看得清清楚楚。幸运的儿童是一年三百六十五天，天天过儿童节，四月四日，不过是加强的儿童节罢了。不幸的儿童，就连四月四日也与他们无关，他们在儿童节仍旧是擦皮鞋，拾狗屎，做苦工，挨饿，挨打。饿、冻、打，便是他们所受的礼物。听戏，看电影，吃糖果，参加游艺会，没有他们的份。

儿童节是全国儿童的儿童节，决不是少数儿童的儿童节。我们对于儿童幸福要做到全体儿童人人有份，才算是民主的儿童节。所谓儿童的幸福究竟是些什么？这可以拿老百姓所爱好的"福、禄、寿、喜"四个字来说明。

（一）福　有母爱，有书读，有东西玩，有六大解放①。

（二）禄　吃得饱，穿得暖。

（三）寿　不受恐怖，不受剥削，不受伤，不害病，不夭折。

（四）喜　过年过节，皆大欢喜。

要想实现这四大幸福，我觉得要使小孩们得到四种幸福：

（一）玩具　团体娱乐的玩具。

（二）学具　进修学问之学具。

（三）用具　日常生活之用具。

（四）工具　手脑双挥之工具。

儿童节是觉悟的大人为全体儿童争取幸福的节日。我们不但要为儿童争取一日之快乐，而且要为儿童争取长期之幸福。但是，要知道民主的儿童节之先决条件，是政治经济的民主。故真正爱护小孩的朋友，必须是民主的战士。让我们促成民主的政治经济，以实现民主的儿童节。

原载1945年4月4日重庆《新华日报》

儿童节儿歌

一

四月四，

四月四，

小孩要立志：

---

①　六大解放：指把学习的基本自由还给儿童。即：（一）解放儿童的大脑，使之能思；（二）解放儿童的双手，使之能干；（三）解放儿童的眼睛，使之能看；（四）解放儿童的嘴，使之能谈；（五）解放儿童的空间，使之能接触大自然和社会；（六）解放儿童的时间，不逼迫他们赶考，使之能学习渴望学习的东西。

小时做小事，
大时做大事。
　　二
四月四，
四月四，
小孩要立志：
肯用手做事，
肯用心做事。
　　三
四月四，
四月四，
小孩要立志：
手到心到做小事，
心到手到做大事。

出自1947年大孚出版公司版《行知诗歌集》

儿童四大自由

如果我是一个小孩：
我不要恐怖；
我不要饿肚；
我要玩得高兴；
我要有机会长进。

出自1947年大孚出版公司版《行知诗歌集》

十、师范之教育

师范生应有之观念（节选）

今日所讲之题，即《师范生应有之观念》。

一、教育乃最有效力之事业

教育为最有可为之事。古今名人莫不由研究教育而出。如达尔文、杜威、威尔诺刻①等，皆由研究教育而出者也。但须有决心、有坚志，则成事何难？唯此尚是第二事。我等第一要知：人是人，我是我。天既生我，则必与我以一种为人所乐能为之能力。不然，既有他何必有我！天既生孔子，万事皆孔子所能为，则又何必生我而为古人之附属物？由此观之，则我等当自立，当自强，为我之所能为，不随人学步，庶不负天生我之意。教育既然如此，则我师范生当作何种之观念？以鄙人看来，男师范生与女师范生之观念，当有不同。欧战发生后，德法发生一莫大之问题。因其平时男教师比女教师为多，一旦战事发生，国内乏男子担任教育事业，影响于儿童者甚大。中国亦如此。但美国、加拿大则不然，其小学教师皆以女

---

① 威尔诺刻，通译桑代克，美国心理学家。

子充当，其男子皆任兵役以卫国家，所以战事发生后，教育依然不受影响。再，女子与儿童有天然亲爱之感情，非若男子之爱护儿童出于勉强也。但高等小学则有不同，因此须养成其进取勇敢之精神，激发其军国民之志气，故须利用男教师。此男女教师不同之点也。然其共同之点，则在以教育为专门职业。地理、历史、哲学、医学、生理学等，虽皆为教育家所利用，而教儿童则非修专门之教育的科学不可。中国现在教育家只有政客、空想、经验三种，但教育以科学教育为最重要，故男女师范生当专心致志、抱定主义、以教育为专门职业，则何人不可几，何事不可为耶？

二、教育乃一种快乐之事业

《论语》曰："有朋自远方来，不亦乐乎？"非当日孔子言教育之快乐耶？孔子一生诲人不倦，至于发愤忘食，乐以忘忧，不知老之将至。现任教育者，无不视当教员为苦途，以其无名无利也。殊不知其在经济上固困苦，而实有无限之乐含在其中。愚蒙者，我得而智慧之，幼小者，我得而长大之，目视后进骎骎日上，皆我所造就者。其乐为何如耶！故办教育之快乐，当在手续上，而不在其结果之代价。换言之，即视教育为游戏的作业、作业的游戏也。至于劳碌动作，以求结果之代价者，则宜摈弃于教育界外。

三、各种教育之职业皆须视为平等

现在教员一般心理，每以大、中学校之等级高，高小、国民学校之等级低，于是以教大、中学校为荣，而以教高小、国民学校为贱。不知大学要紧，中学要紧，而高等小学、国民小学、幼稚园尤要紧。以鄙人主张，凡大学、中学、小学等教员，国家须有同等之酬劳，社会须有同等之待遇。然常人心理，多不明小学之紧要，师范生亦有不明此理者。由是，他人固不以平等看待，即自视亦觉小学教员不如大学、中学教员之价值。甚至去而不为，放弃其应做之职业。故欲求此弊，先须视各种教育之职业皆为平等，此师范生所当注意者也。

四、教育为给儿童需要之事业

教育者，乃为教养学生而设，全以学生为中心，故开办学校、聘请教师，无一非为学生也。若无学生，焉有学校？既无学校，焉有教师？然则教师与学生，焉可无同情耶？同情谓何？即以学生之乐为乐，以学生之忧为忧；学生之休戚即我之休戚，学生之苦恼即我之苦恼是也。鄙人曾参观一校，终日仅一见教师之笑，不可谓不威严矣！吾人若设身处地为其学生，必也视之为判官、为阎罗，如芒刺之在背矣。此教师不能与学生同情之故也。现中国教师之大弊，即在于此。此又我师范生所当注意者也。

五、教育为制造社会需要之事业

教育为改良社会而设，为教育社会人才而设。故学校非寺院岩穴也，教员非孤僧隐士也。夫既为社会而设，若与社会不相往来，何以知社会之需要？中国前此之弊，即在于此，亦我师范生所宜注意者也。

六、教育为师范生终身之事业

现在为教师者，男则因赋闲无事，遂暂为之；女则因尚未适人，而暂为之。事既得，家既成，则远翔而不顾。视办教育如用雨伞，雨则取以遮盖，晴则置之高阁；视居学校如寓客栈，今日寓此，明日便去，虽有蚊蚤之为害，不过今宿，又何必大事驱除！教育中亦有害虫，教师之责，所宜驱除，岂可以暂为，遂视同秦越而不作整顿之计耶？昔英女皇伊丽莎白终身不嫁，人问之故，辄以英吉利即吾之夫一语以对。意相加富尔终身不娶，人问之故，辄以意大利即吾之妻一语以对。故鄙人今亦有二语告于诸君，即男师范生应以教育为之妻，女师范生应以教育为之夫，有此定力，则赴汤蹈火，在所不辞，鞠躬尽瘁，死而后已。吾身不成，吾子绍之；吾子不成，吾孙绍之；子子孙孙，世世代代，相续无间，海可枯而吾之志不可枯，石可烂而吾之志不可烂。不要名，不要利，只要教育好；不怕难，不怕死，只怕教育不好。师范生乃负此志者，故与别种学生不同。读书要当作教书读，求学要当作教学求。蚕食桑叶，消化而吐出能为锦绣之丝；师范生求学，亦当融会贯通而吐出有益于人之事业也。

1918年5月讲

原载1986年第2期《行知研究》

第一流的教育家

我们常见的教育家有三种：一种是政客的教育家，他只会运动，把持，说官话；一种是书生的教育家，他只会读书，教书，做文章；一种是经验的教育家，他只会盲行，盲动，闷起头来，办……办……办。第一种不必说了，第二第三两种也都不是最高尚的。依我看来，今日的教育家，必定要在下列两种要素当中得了一种，方才可以算为第一流的人物。

（一）敢探未发明的新理

我们在教育界做事的人，胆量太小，对于一切新理，小惊大怪。如同小孩子见生人，怕和他接近。又如同小孩子遇了黑房，怕走进去。究其结果，他的一举一动，不是乞灵古人，就是仿效外国。也如同一个小孩子吃饭、穿衣，都要母亲帮助，走几步路，也要人扶着，真是可怜。我们在教育界任事的人，如果想自立，想进步，就须胆量放大，将试验精神，向那未发明的新理贯射过去；不怕辛苦，不怕疲倦，不怕障碍，不怕失败，一心要把那教育的奥妙新理，一个个的发现出来。这是何等的魄力，教育界有这种魄力的人，不愧受我们崇拜！

（二）敢入未开化的边疆

从前的秀才以为"不出门能知天下事"，久而久之，"不出门"就变作"不敢出门"了。我们现在的学子，还没有解脱这种风气。试将各学校的《同学录》拿来一看，毕业生多半是在本地服务，那在外省服务的，已经不可多得，边疆更不必说了。一般有志办学的人，也专门在有学校的地方凑热闹，把那边疆和内地的教育，都置在度外。推其原故，只有一个病根，这病根就是怕。怕难，怕苦，怕孤，怕死，就好好的埋没了一生。我们还要进一步看，这些地方的教育究竟是谁的责任？我们要晓得国家有一块未开化的土地，有一个未受教育的人民，都是由于我们没尽到责任。责任明白了，就放大胆量，单枪匹马，大刀阔斧，做个边疆教育的先锋，把那边疆的门户，一扇一扇的都给它打开。这又是何等的魄力！有这种魄力的人，也不愧受我们崇拜。

敢探未发明的新理，即是创造精神；敢入未开化的边疆，即是开辟精神。创造时，目光要深；开辟时，目光要远。总起来说，创造、开辟都要有胆量。在教育界，有胆量创造的人，即是创造的教育家；有胆量开辟的人，即是开辟的教育家，都是第一流的人物。大丈夫不能舍身试验室，亦当埋骨边疆尘，岂宜随便过去！但是这种人才，究竟要到什么时候才能出现？究竟要由什么学校造就？究竟要用什么方法养成？可算是我们现在最关心的问题。

原载1919年4月21日《时报·教育周刊·世界教育新思潮》第9号

师范教育之新趋势（节选）

师范学校负培养改造国民的大责任，国家前途的盛衰，都在他手掌之中。既有这种责任，那得不观察教育的新趋势，谋进步的教育！

师范教育的趋势，在能改进不合用的变成合用的；改进合用的，变成更合用的。这种向着合用走的几个趋势，就是新趋势。现在分条来说明：

（1）乡村教育和城市教育 乡村教育不发达，可说已达极点。我国人民，乡村占百分之八十五，城市占百分之十五。就是有六千万人居城，三万万四千万人居乡。然而乡村的学校只有百分之十。这种城乡不平均的现象，各国都不能免，但是我国的乡村，未免太吃亏了。恐怕也非城市人的福哩；至于教材方面，乡村和城市也大不同。例如电灯、东洋车等，在城市是常见的，但在乡村的学校里要教起这许多材料来，就很困难了。还有放假一层，乡村和城市也不同。什么蚕假、稻假咧，那里能够把部定章程来束缚他！现在的师范学校都设在城市，连教授方面，也是重城轻乡。此后亟当想法，怎样才可以使乡村的儿童受同等的知识，享同等的待遇，这就是师范教育的一个新趋势。

（2）**研究小学教材** 现在的师范学校，大都是中学校的变形，不过稍加些教育学、教授法罢了。毕业以后，就拿这些教材去教学生，恐怕还是门外汉呢！所以师范生在观察要用怎样的小学教材，就怎样去学。一方面要学"学"，一方面要学"教"。又是一个新趋势。

（3）**培养特长的人才** 现在的人以为师范生要件件都能。这却不对。高等科和国民科不同，普通科和特殊科又不同。师范教育，当发展各人的特长，以适合社会上的需要。例如江苏省立第三师范学校的分科研究制，是很好的师范教育。

（4）**扩充师范学校** 现在师范学校，平均每校二百人左右。教育部规定至多不得过四百人。但是在欧美诸国，大都每校在千人以上。可见"大师范学校"是吾国很需要的。

（5）**添加新功课** 社会上有新的需要，就当添加新的功课去适合他，指导他。现在社会问题很纷乱，社会学应当增加了。又因为科学的发达，各种学问，注重分析。所以虚泛的、理论的心理学不够用，儿童心理学和心理测验一定要增加了。仅讲些教育史、教育哲学也不够了，教授法、管理法……一类的实际学问，也须重新研究了。总之，社会的新需要没一定，增加的新功课也当随之而异。

（6）**师范和附属小学宜格外密接** 附属小学不但是实习的地方，简直是试验教育原理的机关。教育原理不是一成不变的，天天去研究，就天天有进步，天天有变革。所以附属小学是"教育学的实验室"，和别的实验室一样的。

（7）**师范学校有继续培养的责任** 内地有许多师范学校，对于毕业生毫不关心。这是最不好的现象。当知毕业是局部的、暂时的。学生固不可从此不学，教员也不当从此不教。所以学校对于毕业生有继续培养的责任。例如调查、讲演会、巡回指导等事情，更当注意。

(8) 培养校长和学务委员等专门人才 一学校的好坏，和校长最有关系。一地方的好坏，和学务委员最有关系。但是现在却不注意到这两层。例如南京有人口四十万，当有学龄儿童七万，教员二千人。对于学务委员，一些人没有相当的重视。物质上的酬报，每年多至四百元！吾们固不当做金钱的奴隶，但事务和代价，当然要求个相值。广州大于南京二倍余，而教育局长的薪水，每月在四百元以上，所以教育也有进步了。像广州这样优待，固然不必效法，但是今后教育界应有一种觉悟。对于一般学务委员当有相当的重视，而师范学校里，也不得不培养特长的专门的人才。这种趋势，在欧美早已现诸事实上了，我们中国的教育岂可忽视了么？

以上几种趋势，决不是一二年内所能办到的，但是现在不可不向那一方面进行。

原载 1921 年 10 月 22 日《时事新报·学灯》

师范教育的三条普遍原则[①]

我先提出几条普通原则和师范教育的现状来讨论，然后再看师范教育段的缺点究竟是哪几种，并应该如何去修正。

（一）教育界要什么人才，就该培养什么人才。教育界所需要的人才可分四种：一是教育行政人员，二是各种指导员，三是各种学校校长和职员，四是各种教员。吾国自办师范教育以来，无论高等师范、初等师范，只顾到第四项，只是以造就教员为目的，对于教育行政人员、指导员，校长和职员的训练都没有相当的注意。虽然师范学校里面有管理法、教育法

---

① 篇名为编者所加。

令一类的功课，但是很不完备。那开通的省区有时也为办学人员开短期的讲习会，但无系统的研究，无相当的材料，无继续的机会，故不能使他们得充分的修养。大家都以为这种职务可以不学而能，人人会干，无须特别的训练，更无须科学的研究。结果只好把他们交付给土绅士和小政客去办理。中国学务不发达的原因固多，但是教育行政办学指导人员之不得相当培养也是个很重要的原因。所以我主张，凡教育界需要的人才都应当受相当的培养。我们教育界需要什么人才，即须造就什么人才。我们应当有广义的师范教育——虽所培养的人以教员为大多数，但目的方法并不以培养教员为限。

总之，教育界要什么人才，就该培养什么人才。教员之外，教育界还要什么人才，就该培养什么人才。教员的种类有因学校等级分的，有因市乡情形分的，也有因学科性质分的。我们要什么教员就须培养什么教员。

（二）教育界各种人才要什么，就该教他什么，要多少时候教得了，就该教他多少时候。如果因为种种情形一时教不了，就该把那必不可少的先教他，以后再找机会继续的教他，到了困难渐渐的解除之后，就该渐渐的看那必不可少的学识技能之外还缺什么就教他什么，还缺多少就教他多少，时期的长短都依这种情形酌量伸缩。这条很明显，可无须举例。最难的是进一步的分析的工夫。究竟一位县教育局长、市教育局长、中学校长、初级师范国文指导员、高级中学理化指导员、小学校长、前四年的小学教员、幼稚园教员应当学的是什么？要多少时候学了？如果一时不能学了，究有什么可以缓学？可以缓学的究须多少时间才能补足？我以为这种分析的手续没有办到之先，若想定各种人员养成的时期总是勉强的。我们最需要这种分析的手续，但不能立刻办到，我姑且提出来做为继续共同研究的起点。

（三）谁在那里教就教谁。若想把教育办得有成效，必须依据实际情形。我们试把眼睛打开一看，实际上究竟有哪几种人在那里从事教育？大学堂的毕业生、专门学校的毕业生、高等师范的毕业生、中学校的毕业生、初级师范的毕业生、实业学校的毕业生，甚至从高等小学出来的科举出身的先生，都是实际上在那里操教育权。除开高等和初级师范的学生外，其余的几乎是完全没有受过特别训练的。他们既在那里实施教育，自有受训练的必要。

总之，实际上在那里从事教育的人的种类，是师范教育一个很重要的指南针。这些人一来要求办师范教育的人给他们补充学识的机会，二来暗示办师范教育的人说："像我们这一类的人后来陆续出来做教员的还不在少数，你们应该预先去培养他们。"

引自《新学制与师范教育》，载1922年3月《新教育》第4卷第3期

师范教育之彻底改革（节选）

师范教育可以兴邦，也可以促国之亡。好些师范学校只是在那儿教洋八股，制造书呆子。这些大书呆子分布到小学里去，又以几何的加速率制造小书呆子。倘使再括（刮）一阵义务教育的大风，可以把书呆子的种子布满全国，叫全国的国民都变成书呆子！中华民国简直可以变成中华书呆国。老实说：二十世纪的舞台上，没有书呆子的地位，称它为国，是不忍不如此称呼啊！想到这里，真要令人毛骨悚然。为今之计，我们要从四方面进行：一、愿师范学校从今以后再不制造书呆子；二、愿师范生从今以后再不受书呆子的训练；三、愿社会从今以后再不把活泼的儿女受书呆子的同化；四、愿凡是已经成了书呆子的，从今以后要把自己放在生活的炉里重新锻炼出一个新生命来。我们爱师范教育，我们更应爱全国的儿童和民族的前途。唯独为全国儿童和民族前途打算的师道教育才能受我们的爱戴。中国师范教育之所以办到这个地步，原因也很复杂，大家都在那儿摸黑路，谁也不能怪谁。但是此路不通，过去且有危险。我们今后的责任是群策群力，摸出一条生路来。

原载1929年7月上海亚东图书馆版《知行书信》

实际生活是师范生的指南针

来信说自我到沪后,你们觉得生活的大船上少了一根指南针。我虽觉得我自己有好多地方可以帮助诸位,但指南针确是有些不敢当。我和诸位同是在乡村里摸路的人。我们的真正指南针只是实际生活。实际生活向我们供给无穷的问题,要求不断的解决。我们朝着实际生活走,大致不至于迷路。在实际生活里问津的人必定要破除成见,避免抄袭。我们要运用虚心的态度、精密的观察、证实的试验,才能做出创造的工作。这种工作必以实际生活为指南针。你们能以实际生活为指南针,而不以我为指南针,方能有第一流的建树。我只是你们当中的一个同志,最多不过是一个年长的同志。

引自《实际生活是我们的指南针——给全体同学的信》,载 1929 年 7 月上海亚东图书馆版《知行书信》

敬赠师范生

(一)

今日诗兴发,
挥毫寄相思。
如蒙耐烦看,

愿得尽其辞。

（二）

诸君何所事？
候补当教员。
开创新世纪，
大任在两肩。

（三）

有些假学生，
非我所愿闻。
原欲进中学，
却想省几文。

（四）

等到毕了业，
一心想升学。
大学考不取，
勉强教小学。

（五）

小学当老师，
原是穷差使。
一旦有高就，
那管小孩子。

（六）

社会办学校，
各有其隐衷。
你若不明白，
钻进牛角筒。

（七）

看那专制国，
民愚乃可治。

要你塞其聪,

个个成奴隶。

（八）

个个成奴隶,

你是奴隶头。

奴隶要出头,

留心你的头。

（九）

民国老百姓,

共是主人翁。

若当奴隶教,

便算你不忠。

（十）

攘攘十字街,

茫茫三岔口。

熊掌与鱼不可兼,

你取那样拿在手？

原载1931年4月15日《师范生》创刊号

师范生的第一变

——变个孙悟空（节选）

　　教育是什么？教人变！教人变好的是好教育。教人变坏的是坏教育。活教育教人变活。死教育教人变死。不教人变、教人不变的不是教育。

　　师范教育是什么？教学生变成先生。先生是什么？自己会变而又会教人变的是先生。师范生不是别的，是一个学变先生的学生。

自古而今，从东到西，我找来找去，只找着一位差不多可以比得上这学变先生的学生。你猜是谁？是那保唐僧上西天取经的孙悟空！

变吧！变吧！

变个孙悟空，飘洋过海访师宗。

三百六十旁门都不学，

一心要学长生不老翁。

七十二般变化般般会，

翻个筋斗十万八千里儿路路通。

学得本领何处用？

揭起革命旗儿闹天宫。

失败英雄君莫笑，

保个唐僧过难亦威风。

降妖伏怪无敌手，

不到西天誓不东。

请看今日座上战斗佛，

岂不是当年人人嘴里的雷公？

师范生要变做孙悟空的道理是说明白了。但是既有孙悟空，便有唐三藏。师范生变了孙悟空，那唐僧推谁去做呢？师范生的唐僧是小朋友。师范生应该拜小朋友做师傅，也如同孙行者的本领比唐僧大倒要做唐僧的徒弟。小朋友是我们的总指导。不愿受小朋友指导的人不配指导小朋友。唐僧向西天取经，经过了八十一难，若不是孙悟空保驾，也不知死了几十次，哪能得到正果？小孩子学着做人，一身遇着的病魔——恶父亲、坏父母、坏朋友、假教员，个个都是吃人的妖怪，差不多也好比是唐僧的八十一难，若没有孙悟空的心术和本领的师范生保驾，不死于病，必死于亲；不死于亲，必死于友；不死于友，必死于老师之手了。还能望他成人为民族人类谋幸福吗？

"老孙！老孙！"

校长招你来，

当个师范生。

西天保谁去取经？

小朋友是你的唐僧。

原载 1931 年 4 月 15 日《师范生》第 1 期

师范生的第二变

——变个小孩子（节选）

"小孩子懂得什么？"

在这个态度下，牛顿是被认为笨伯，瓦特是被认为凡庸，爱迪生是被认为坏蛋。

你若想在笨伯中体会出真牛顿，在凡庸中体会出真瓦特，在坏蛋中体会出真的爱迪生，您必得把自己变成一个小孩子。

你若不愿变小孩子，便难免要被下面两首诗说着了：

（一）

你这糊涂的先生！

你的学堂成了害人坑！

你的墨水笔下有冤魂！

你说瓦特庸，

你说牛顿笨，

你说像个鸡蛋坏了的爱迪生。

若信你的话，

哪儿来火轮？

哪儿来电灯？

哪儿来的微积分？

（二）

你这糊涂的先生！

你的教鞭下有瓦特,

你的冷眼里有牛顿,

你的讥笑中有爱迪生。

你别忙着把他们赶跑。

你可要等到坐火轮,

点电灯,

学微积分,

才认他们是你当年的小学生?

倘使被这两首诗说中,那是多么可悔恨的一件事啊!

"小孩子懂得什么?"

小孩子是再大无比的一个发明家。生下地一团漆黑,过不了几年,如果没有受到母亲、先生和老妈子的愚惑,便把一个世界看得水晶样的透明。他能把您问倒。这有什么羞耻?倘使您能完全回答小孩子的问题,便取得一百个博士的头衔也不为多。

人人都说小孩小,

谁知人小心不小。

您若小看小孩子,

便比小孩还要小!

未来的先生们!忘了你们的年纪,变个十足的小孩子,加入在小孩子的队伍里去吧!您若变成小孩子,便有惊人的奇迹出现:师生立刻成为朋友,学校立刻成为乐园;您立刻觉得是和小孩子一般儿大,一块儿玩,一处儿做工,谁也不觉您是先生,您便成了真正的先生。您立刻会发现小孩子的能力大得很:他能做许多您不能做的事,也能做许多您以为他不能做的事。等到您重新生为一个小孩子,您会发现别的小孩子是和从前所想的小孩子不同了。

我们必得会变小孩子,才配做小孩子的先生。师范学校的同学们!小孩子变得成功便算毕业;变不成功,休想拿文凭!

我们却要审查一番,这第二变的小孩子与那第一变的孙悟空有无重复。师范生既然会变孙悟空,那么凡是孙悟空所会变的,师范生都能变了。现在留下的问题是:"孙悟空可会变小孩子?"我们调查他的生平,他只能变一个表面的小孩子,而不能变一个内外如一的小孩子。他在狮驼洞曾经变过一个小钻风,被一个妖怪察觉,"揭起衣裳看时,足足是个弼马温。原来行者有七十二般变化,若是变飞禽、走兽、花木、器皿、昆虫之类,却就连身子滚去了。但变人物,却只是头脸变了,身子变不过来,果然一身黄毛,两块红股,一条尾巴"。所以:

儿童园里无老翁;

老翁个个变儿童。

变儿童,

莫学孙悟空!

他在狮驼洞,

也曾变过小钻风。

小钻风,

脸儿模样般般像,

拖着一条尾巴儿两股红。

原载 1931 年 5 月 15 日《师范生》第 2 期

十一、整个的校长

整个的校长

去年我对南开中学学生演讲《学做一个人》，曾经提出五种"非整个的人"，内中有一种就是分心的人。分心的人是个命分式的人，不是整个的人。整个的人的中心，只放在一桩主要的事上。他的心分散在几处，就是几分之一的人。这类人包括兼差的官吏，跨党的党人，多妻的丈夫。俗语说"心挂两头"就是这类人。这类人是命分式的人，不是整个的人。

做一个学校校长，谈何容易！说得小些，他关系千百人的学业前途；说得大些，他关系国家与学术之兴衰。这种事业之责任不值得一个整个的人去担负吗？现在不然。能力大的人，要干几个校长。能力不够或时间不敷分配的，就要找几个人，合起伙来共干一个校长。

我要很诚恳的进一个忠告：一个人干几个校长，或几个人干一个校长，都不是整个的校长，都是命分式的校长。试问，世界上有几个第一流的学校是命分式的校长创造出来的？国家把个整个的学校交给你，要你用整个的心去做个整个的校长。为个人计，这样才可以发展专业的精神，增进职务的效率。为学校计，与其做大人名流的附属机关，不如做一个学者的专心事业。具体的说，去年教育部所开的总长兼校长和校长兼校长的例不但不应沿袭，并且应当根本铲除。我希望现在以总长兼校长的诸公都自动地辞去总长或校长，以校长兼校长的诸公都自动地以担任一校校长为限。至于某大学设立会办一层，似有几个合做校长之情形；此种新例，亦不可开。总之，为国家教育计，为个人精力计，一个人只可担任一个学校校长。整个的学校应当有整个的校长，不应当有命分式的校长。

原载 1926 年 2 月 5 日《新教育评论》第 1 卷第 10 期

不能用人之长，便是自己之短

—— 致马侣贤（节选）

办学如治国，眼光要远，胸襟要大，否则事情会愈办愈局促。望大家要留意。

易必光先生，您应该指导他，把账目一笔一笔的交好，收条一张一张的补足。耐心是重要的。赶场是四川乡下人的生活，多数是每场必赶，每赶必到晚上才回来。我们要用他的长处。不能用人的长处，便是自己的短处。我希望你们能用人的长处，而又帮助人克服短处。

黄先生的长处我是看见了好多，他的短处我也正在帮助他克服。他在古圣寺曾不欢而散，在这里还是欢而未散。我希望您也以这个态度帮助古圣寺的同事。

您对人，对四川风俗习惯，还不大明白，似宜以学习的态度来待人治事。胸中的城府是不可有。我们不能用江南的尺来量四川的人情。

二八、七、廿三

原件存夏英岚处

师生共生活

——致姚文采

文采①吾弟：

安徽公学用最少的钱办到这样好的成绩，可算是近年来中等教育很有精彩的一个试验，可喜之至。但最危险的时期将要到了！秋期招收新生三班，新生数与旧生数相等，训育上要起最困难的问题。一不谨慎，校风要受根本的动摇。

按诸天演的原则，世间万事之进化都是逐渐成功的。暴长多暴亡，其机很微，不可不预防之。仲明②弟拟于招考时，亲行口试，观察其言辞举止，以作去取根据之一种，我很赞成。这是一部分的预防，如果鉴别力强可以达到一部分的目的。梁漱溟先生说，办学校是和青年做朋友。做朋友之前当然要加一番选择。所以我很赞成仲明的建议。

但最重要的是，教职员和学生共甘苦，共生活，共造校风，共守校规。我认为这是改进中学教育和一切学校教育的大关键。所以从学生进校之日起，全校教职员要偕同旧生以身作则，拿全副精神来同化新生。如果只招一班学生，这事体就要简便多了。现在要拿一百多人来同化一百多人，确是一件最困难的事。我们对于这件事要小心翼翼，如临大敌，才有成功的希望。我希望诸弟现在就要准备开学时一切琐碎的手续，使得时候到了，可以把精神集中在训育方面。凡住校的教职员，一定要和学生共甘苦，共生活，共造校风，共守校规，断不能有一个例外。如有例外，一定

---

① 姚文采，安徽歙县人。在歙县崇一学堂和南京金陵大学读书时，与陶行知同学。时任南京安徽公学副校长。

② 仲明，即张仲明。时任安徽公学教师。

失败。我希望你住校一个月，以示表率。在这起初一个月当中，千万要聚精会神对付这个问题。安徽公学的前途都要看这一个月的努力而定。我或者可以帮助你们打头一个礼拜的仗。开学期定了以后，请即告诉我。

敬祝康乐。

知行
十三年八月十四日
原载1929年7月上海亚东图书馆版《知行书信》

复校长职的条件

（一）此后校长有经济支配权；
（二）此后校长有进退同志权；
（三）此后倘遇有同志侮辱同志而正义不伸者，知行与之同去。

1929年5月15日提
原载1929年9月30日《乡教丛讯》第3卷第16期

希望您做一位三千万人的教育厅长

——致卢绍刘（节选）

绍刘先生：

我们听说先生已就安徽教育厅长职，心中非常快乐。当这安徽教育存亡绝续之交，得公出而主持一切，我们可以放心了。

车上没有事，旧日的联想一个一个的浮出脑际。其中恋恋不舍的有两个联想：一个是数年前，先生送我那本《茅亭讲学刍议》；二是去年十月间在沪宁火车上，我们两个人请钱强斋议长用十个字试做一篇课文。从这两种很快乐的联想上，我就对于先生发生了一种希望。我希望，先生不但要做数万学生之教育厅长，简直要做一位三千万人民之教育厅长。换句话说，我希望先生做一位平民教育厅长。

公自江苏来，自知江苏事。江苏教育界现在有一个最有价值的礼物。这礼物就是平民教育。我希望先生把这礼物带来送我们安徽，送我们安徽三千万人民。知行对于安徽平民教育有几条具体的建议，很希望先生主持采择施行。

（一）消除马少甫之误解。马少甫，据我所闻，对于平民教育确有误会。请公告诉他："平民教育是平常人民的教育。这种教育是要用最少时间、最少经费，教导年长人民读书识字、爱国做好人。"

（二）恢复安徽省公署之平民教育。安徽省公署是全国第一个省公署开办平民教育。办了两班，很有成效。这件事在平民教育史上，要占很重要的位置。如已停办，请马将军即日恢复。

（三）恢复安徽教育厅之平民教育。安徽教育厅是全国第一个教育厅施行公役的平民教育。公役二十一人中有吴干臣、韦明等五人都是很好的助教。如果厅长注意公役读书，如中途不停顿，现在该毕业了。这是在公职权内，当然可以做到的。

（四）视察监狱的平民教育。

（五）恢复平民教育促进会。安庆平民教育促进会以教育厅长为会长。公为当然会长。请召集董事会督促或改选贤能干事继续进行。

（六）训令省视学分赴各县提倡平民教育。去年省视学曾开一次会议，决定随带图书分赴各县提倡。查省视学为最有力之宣传指导人员，务请恢复提倡平民教育为他们职务之一种。

（七）训令县知事提倡平民教育。县知事为亲民之官，对于人民享有历史上的特权与信仰。但得县知事的登高一呼，进步必能一日千里。务请训令各县将平民教育列入计划与预算，并以此为考成。

（八）训令全省学校兼办平民教育。全省省立、县立、公立、私立学校皆为文化中心，即为平民教育中心。请通令各校担负普及各该校所在地之平民教育之责任。

　　（九）现在中国最多的教育机关还是私塾。既是一时除他们不掉，就当改良他们。

　　（十）召集全省会议。关于平民教育实施事宜，应由教育厅仿照江苏、察哈尔等处办法，召集全省中等学校校长及县教育行政人员、县教育会代表会议取决，以资集思广益。

　　以上十条，系就知行个人车上想得到的写将出来，以尘清览，内中难免不妥的地方，还望先生指教。我很希望先生能为做一件大事而来，做了一件大事而去。这件大事就是变形的茅亭讲学，就是平民教育，就是三千万人的家家读书，人人明理。

知行
二月八日

原载 1929 年 7 月上海亚东图书馆版《知行书信》

领导者再教育（节选）

　　中国人受了二千年之专制政治之压迫，几乎每个人一当了权便会仗权凌人。好像受了婆婆压迫的媳妇，一旦自己做了婆婆便会更加压迫她的媳妇。在中国，几乎每一个有权的人都是一个独裁。有大权的是大独裁。有小权的是小独裁。自主席以至于保甲长，都免不了有独裁的作风。就是我这个区区的校长，也不是例外，常常不知不觉的独断独行，违反了民主的精神。一经别人提醒，才豁然大悟。在一个民主国家里面，做一个独裁校长是千不该、万不该的事情。但江山易改，本性难移，过不了多少时候，病又复发了。那只有再接再厉的多方想法，以克服这与民主精神不相容的作风。

民主的时代已经来到。民主是一种新的生活方式。我们对于民主的生活还不习惯。但春天已来，我们必须脱去棉衣，穿上春装。我们必需在民主的新生活中学习民主。不但老百姓要学习民主，大大小小的领袖们都得学习民主。领袖们是已经毕过业了，还要学习吗？不错，还要学习，只有进了棺材才不要学习。他们虽然有些学问，但是他们从来没有学过民主，所以还要学习，还要学习民主。把受过不合民主的教育从生活中肃清掉。

这种再教育应该怎样进行呢？

第一，自己觉得需要再教育　自己觉得既往的习惯不足以应付民主的要求。自己承认在民主的社会里做领袖和在专制的社会里做领袖是有了根本之不同，那末在本人的生活上也必须起根本的变化，才能适应客观之变化。从前，白健生先生有一次和我闲谈"以不变应万变"的道理。我提议在不字下面加一横，意思是"以丕变应万变"，丕变即是大变，我们要在生活上起大的变化，才能应付民主政治所起的大变化。民主政治所起的变化是很大的。例如承认个人之尊严，便不能随便侵犯别人的基本自由；采用协商批评之方法便须放弃"我即是""朕即真理"；要使人了解你，同时又要使你了解人便须放弃"民可使由之，不可使知之"，又必须虚心下问，集思广益；实行共同创造，便须放弃少数人包办之倾向。我们若深刻地感觉到旧习惯不足以应付这种大变化，而又不愿被淘汰，那就一定觉得有再受教育之必要了。

第二，多方学习　自己既已感觉到有再受教育之必要，那就好办了。地位无论大小，只要对于民主的生活感觉到如饥如渴之需要，那不啻是走了一半的路程了。学习方法虽多，总靠自己虚心。随时随地愿听逆耳之言，和颜悦色地欢迎干部和别人的批评，有事先商量而后行都很重要。民主先贤的传记著作如林肯、哲斐孙[①]、汤佩恩的都能给我们有力的指示。国外民主国之游历，国内民主政治比较进步的地方的参观，都能帮助我们

---

① 哲斐孙，通译杰弗逊（1743—1826），曾在1801—1809年间担任美国总统。

进步。但是，最重要的是在"做"上学，在实行民主上，在发挥民主作风上，学习民主。

第三，我们最伟大的老师　我们最伟大的老师是老百姓，我们最要紧的是跟老百姓学习。我们要叫老百姓教导我们如何为他们服务。我们要钻进老百姓的队伍里去和老百姓共患难，彻底知道老百姓所要除的是什么痛苦，所要造的是什么幸福。

我前些日子写的一首小诗，可供领导人自我再教育之参考：

"民之所好好之，

民主所恶恶之。

为人民领导者，

拜人民为老师。"

领导者再教育之三部曲是：第一部跟老百姓学习；第二部教老百姓进步；第三部引导老百姓共同创造。也只有肯跟老百姓学习的人，才能做老百姓的真正领导者。

原载 1946 年 2 月 22 日《民主》第 24 期

自我再教育

我们需要再教育，

民主作风贵无比；

快拜人民为老师，

教育小孩教自己。

原载 1946 年 4 月 25 日《教师生活》第 10 期

百候中学复校十周年纪念①

有源头之活水兮,逝如梅河。
从廊岭以凌云兮,无或蹉跎。②
南风之熏兮,吾道有邻。
虽灾难之重重兮,如琢如磨。
生辰美且吉兮,十月十。③
百年大计兮,树人多。
无所往而不施教兮,德泽广被。
与民寿兮,万世同歌。

手脑双挥舞兮,敲未知之门,
岁寒然后知松柏之后凋兮,求仁得仁。
竖起几根穷骨头兮,顶天立地。
崇拜自己之集体创造兮,虽败终成。
千教万教兮,教人求真。
千学万学兮,学做真人。
天下为公兮,教育无私。
杨氏不为我兮,记取百候之精神。④

三十二年九月二十五日
出自1947年大孚出版公司版《行知诗歌集》

---

① 百候中学在广东大浦。
② 梅河廊岭系百候中学所在地之胜境。
③ 百候为生活教育之友,潘一尘先生任百候中学校长时,有小先生千余人。
④ 杨朱,战国初期哲学家,主张"贵生""重己",拔一毛利天下而不为。百候中学的创办者杨德昭先生反其道而行,有教无类。

十二、 教师的素养

学问之要素（节选）

先生所说做学问有三要素：一体健，二天才，三财力。很有见地。

知行以为体健是人生的一个最要目的，也是学问的一个最要目的。学生是学习人生之道的人。学以厚生则可；学以伤生是断断乎不可的。天才是做学问的根据。有几分天才做几分学问。大概天才有十分八九之势力，教育的势力只占十分之一二。教育万能之说是教育界自欺欺人的话。但是天才有时很不容易看出来。时机未到，天才隐在里面，专靠主观、武断，以致差之毫厘，失之千里的，是常有的事。

第三点恕我不大表同意。我不承认财力是学问的要素。我以为，只要有志学问或是有志于子女的学问，经济的难关是可以打破的。后代的学问是有社会关系的。自己倘若十分困难就号召社会的力量成全子女入学也是应该的。这是就求学必不可少的经费说的。我还有一点意见，就是：穷苦和学问是好友；富贵和学问是仇敌。那天天轻裘肥马，炫耀于同学之前的，究竟学问如何？

十二年九月二十日

原载1929年7月上海亚东图书馆版《知行书信》

春天不是读书天

（一）
春天不是读书天：
关在堂前，
闷短寿缘！

（二）
春天不是读书天：
掀开门帘，
投奔自然。

（三）
春天不是读书天：
鸟语树尖，
花笑西园。

（四）
春天不是读书天：
宁梦蝴蝶，
与花同眠。

（五）
春天不是读书天：
放个纸鸢，
飞上半天。

（六）
春天不是读书天：

舞雩风前，
恍若神仙。
　　（七）
春天不是读书天：
攀上山巅，
如登九天。
　　（八）
春天不是读书天：
放牛塘边，
赤脚种田。
　　（九）
春天不是读书天：
工罢游园，
苦中有甜。
　　（十）
春天不是读书天；
之乎者焉，
忒讨人嫌！
　　（十一）
春天不是读书天：
书里流连，
非呆即癫！

二十年春

原载1931年4月15日《师范生》创刊号

每天四问（节选）

现在我提出四个问题，叫做"每天四问"：

第一问：我的身体有没有进步？

第二问：我的学问有没有进步？

第三问：我的工作有没有进步？

第四问：我的道德有没有进步？

首先，我们每天应该要问的，是"自己的身体有没有进步？有，进步了多少？"为什么要这样问？因为"健康第一"。没有了身体，一切都完了！不禁使我想到了去年二周纪念前九日邹秉权同学之死！与今年三周纪念前九日魏国光同学之死！二人之死的日子是恰恰一周年，不过时间上相关八九个钟点罢了。因这两位同学的死，使我联想到，我们必须继续建立"健康堡垒"。

第二问："我的学问有没有进步？"

其次，我们每天应该问的，是"自己的学问有没有进步？有，进步了多少？"为什么要这样问？因为"学问是一切前进的活力的源泉"。学问怎样能够进步？重要在有方法研究。现在我想到五个字，可以帮助我们学问易于进步。哪五个字呢？

第一个，是"一"字。一是"专一"的一。荀子说："好一则博"。这句话是很有精义的。因为有了一个专一问题做中心，从事研究，便可旁搜广引，自然而然的广博起来了。第二个，是"集"字。集是"搜集"的集。集照篆字的写法，是这样"🈶"，好像许多钩钩一样。我们研究学问有了中心题目，便要多多搜集材料。我们便像"集"的篆写一样，用许多钩钩到处去钩，上下古今、左右中外的钩，前前后后、四面八方的钩，钩集在一起来，好细细研究。第三个，是"钻"字。钻是钻进去的钻，就是深入的意思。钻是要费很大的力量，才能够钻得进去，深入到里面去，看得清清楚楚，取得了最宝贵的宝贝。做学问虽不能像钻东西那么钻，但是能够用最好的方法，也可以很快钻进去。第四个，是"剖"字。剖是"解剖"的剖，就是"分析"的意思。有些材料钻进去还不够，必须解剖出来看它的真伪，是有用的还是有毒素的？以便取舍，消化运用。第五个，是"韧"字。韧是坚韧，即是鲁迅先生所主张的"韧性战斗"的韧。做学问是一种长期的战斗工作，所以必须有韧性战斗的精神，才能够在长期战斗中，战胜许许多多困难，化除种种障碍，开辟出一条新的道路，走入新的境界。

第三问："我的工作有没有进步？"

再次，我们每天要问，是"自己担任的工作有没有进步？有，进步了多少？"为什么要这样问？因为工作的好坏影响我们的生活学习都是很大的。我对于工作也提出几点意见，以供大家参考。

第一点最要紧的，是要"站岗位"。各人所负的责任不同，各人有各人的岗位，各人应该站在各人自己的岗位上，守牢自己的岗位，在本岗位上努力，把本岗位的职务做得好，这是尽责任的第一步。第二点最要紧的，是要"敏捷正确"。人常说，做事要"敏捷"，这是对的。但我觉得做事只是做到敏捷还不够，敏捷是敏捷了，因敏捷而做错了怎么办？所以敏捷之下必须加上"正确"二字，工作敏捷而正确才有效力。一件工作在别人做起来需要四小时，你只要二小时或三小时就做好了，而且做得很正确，这才算是工作的效力。工作怎样能够做得敏捷正确呢？这就是靠熟练与精细。粗心大意，是最易弄错弄坏事情的。做事要像做算术的演算草一样，要演得快演得正确。

第三点最要紧的，是要"做好为止"。有些人做事，有起头无煞尾，做东丢西，做西丢东，忙过不了，不是一事无成，就是半途而废。我们做事要按照计划，依限完成，就必须毅力坚持，一直到做好为止。

第四问："我的道德有没有进步？"

最后，我们每天要问的，是"自己的道德有没有进步？有，进步了多少?"为什么要这样问?因为道德是做人的根本。根本一坏,纵然是你有一些学问和本领,也无甚用处。否则,没有道德的人,学问和本领愈大,就能为非作恶愈大,所以我在不久以前,就提出"人格防"来,要我们大家"建筑人格长城"。建筑人格长城的基础,就是道德。现在分"公德"和"私德"两方面来说。

先说"公德"。一个集体能不能稳固,是否可以兴盛起来?就要看每一个集体的组成分子,能不能顾到公德,卫护公德,来衡量它。如果一个集体的组成分子,人人以公德为前提,注意着第一个行动,则这一个集体,必然是日益稳固,日益兴盛起来。否则,多数人只顾个人私利,不顾集体利益,则这个集体的基础必然动摇,并且一定是要衰败下去!

再说"私德"。私德不讲究的人,每每就是成为妨害公德的人,所以一个人私德更是要紧,私德更是公德的根本,私德最重要的是"廉洁"。一切坏心术坏行为,都由不廉洁而起。所以我在讲"建筑人格长城"的时候,提到了杨震的"四知",甘地的漏夜"还金",华盛顿的勇敢承认错误,和冯焕章先生所讲的平老静"还金镯"的故事,这些,都是我们大家私德上的好榜样。我们每一个人都可以效法这些榜样,把自己的私德建立起来,建筑起"人格长城"来。

我今天所讲的"每天四问",提供大家作为进德修业的参考。如果灵活运用的行到做到,明年今日四周纪念的时候,必然可以见到每一个人身体健康上有着大的进步,学问进修上有着大的进步,工作效能上有着大的进步,道德品格上有着大的进步,显出"水到渠成"的进步,而有着大大的进步。

原载 1951 年教育书店版《育才学校》

从野人生活出发

无锡开原小学校长潘一尘来帮助我们创办第三中心小学,和我们同住了六天。临去那一晚,我问他对于试验乡村师范的生活有什么感想。他说:"你们这里简直是原始生活,不是农民生活。"我说:"原始生活虽说不到,但是一部分确实是野人生活。我们这里的教育是从野人生活出发,向极乐世界探寻。"这段谈话,虽是寥寥数语,却能表示晓庄教育之真相。封建制度下之农民生活是最不进步的。他们一天一天的过去,好像人生毫无问题。乡村教育虽是为农民谋幸福,但从农民生活出发,能否达到目的是很可怀疑的。所以我们鼓起勇气把乡村教育的摆子使劲摆到野人生活上去。野人生活是最富于问题的。生活上的实际问题一个一个的来到我们面前,命令我们思想,要求我们解决。这些问题来势急于星火,不容我们苟且偷安。倘使我们不振作精神,当机立断,必定有不堪言状的痛苦,甚而至于只有死路一条。山上出狼,我们必得学习打猎。地上有蛇,我们必得学习治毒。聚蚊成雷,我们必得学习根本铲除蚊子的方法。衣、食、住、行各种问题,我们在尝试野人生活的时候得到了极亲切的了解。没有到晓庄以前,没有住在晓庄以前,我们对于这些生活需要简直是一知半解,嘴里虽能说得头头是道,其实心中哪里觉得到啊!我们从野人生活里感觉到人的身体是不足以应付环境的。我们觉得人类要想征服天然势力,必须发明、制造、运用身体以外的工具。我们自从尝了野人生活,对于工具觉得万分重要,没有生活工具,简直不必空谈生活教育。可是朋友们不要误会,我们不是要做羲皇上人,我们的黄金时代是在未来。我们从野人生活出发,不是没有出息,开倒车,不是要想长长久久的做野人。出发的号令已下,我们要向极乐世界去探寻了。

原载 1927 年 7 月 1 日《乡教丛讯》第 1 卷第 12 期

农夫的身手

农夫的身手是本校第一个教育目标。我们师生都是认清了这个目标来的。以本校的目光看来,对于农事懈怠,简直是反革命。希望大家有则改之,无则加勉。我当尽我的能力为大家排除一切困难,使大家对于农事可以充分学习。从今以后,有农事教学做之日,免去其他粗工。俟新请工人来到,有农事教学做之日,烹饪也免学。农事之后,必须洗澡,浴盆不敷,必须购置,现今太阳正烈,每人必须有草帽,才能下田工作,否则中了暑是很危险的。种田如打仗,必须有器械,才能成功。夏天在田里与太阳奋斗的唯一工具是草帽,没有草帽要想和太阳奋斗,是如同当兵没有盒子炮,那得不败?以后须是每人至少要备一个草帽。各种准备都齐全了,倘还有懈怠的表示,那士各有志,尽可不必勉强。本校旗帜鲜明得很,我们大家所干的是乡村教育的革命。从事乡村教育革命必须有农夫的身手,反对农夫的身手,就是反革命。

原载 1927 年 8 月 1 日《乡教丛讯》第 1 卷第 15 期

捧着一颗心来 不带半根草去

——致李友梅、蓝九盛等

友梅、九盛、和中、达之:

接到你们四月二十四日所写的信,知道你们用两件大衣跑了三十里路当不得两元钱，又饿着肚子跑回学校。这件事是你们在长江北岸为乡村教育史写成悲壮的一页，亦即光荣的一页。我们是何等的安慰而又何等的敬佩你们啊！在前一个礼拜，我们接到文采先生转来的信，即汇了三十元经常费给你们，可惜竹因不慎，给扒手拿去了。我只希望个人需要此款比你们还切，那么我们总算对他有些贡献了。但是想念着你们的困难，急得了不得，立刻又凑了一笔款寄去，谅现在已经收到了吧！请你们放心，你们要我们做的事，我们是已经做了，我们是决不会忘记你们的。捧着一颗心来，不带半根草去。你们抱着这种精神去教导小朋友，总是不会错的。

何日平①
十九、四、三十

出自 1934 年上海儿童书局版孙铭勋编著《古庙活菩萨》

教师自动进修

——与小学教师谈话之三

近来上海小学教师有一个极重要的运动，这运动是自动求学、自动进修。自动追求进步。

有些人一做了教师，便专门教人而忘记自己也是一个永久不会毕业的学生，因此很容易停止长进，甚而至于未老先衰。只有好学才是终身进步之保险，也就是长青不老之保证。

孔子说："学而不厌，诲人不倦。"有些人做了几年教师便有倦意，原因固然很多，但主要的还是因为不好学，天天开留声机，唱旧片子，所以难免觉得疲倦起来。唯独学而不厌的人，才可以诲人不倦。要想做教师的人把岗位站得长久，必须使他们有机会一面教一面学；教到老，学到老。

---

① 晓庄学校被查封，陶行知被通缉时所用的笔名之一。

当然，一位进步的教师，一定是越教越要学，越学越快乐。

但在不民主的社会里，教育官不但不鼓励教师进修，而且见着教师看书、看报、同学生座谈，还要怀疑他别有作用。所以教师们要想得到充分的进修自由、研究自由，必得和老百姓站在一条战线争取民主的实现。在民主没有实现以前，教育官不会顾到我们真正需要的进修。那么，我们自己组织起来，依地域学科进行学习，是再好没有的一件事。我想教师的进修应该包括下列几种要素：

（一）社会科学，如政治问题、经济问题以及世界史、本国史必须弄清楚；

（二）教育本身的理论与技术必须精益求精；

（三）每星期有两晚或三晚的系统讲习，可分区分科举行；

（四）星期日早晨的讲演大会务必连续不断地举行；

（五）程度较高者宜从事专题研究，每人在一个专题上连续不断探讨，到本题解决或有系统详细之报告……才告一段落；

（六）寒暑假运用旅行修学；

（七）联合组织一教师流通图书馆，以便利大家参考。

好学是传染的。如果教师们以集体力量鼓励彼此进修，影响所及，决不会让上海专美，将见全国闻风兴起，各地教师自动组织起来，学习再学习。其结果不但是能造成好学之教师，好学之学生，而且一人传十，十人染百，将会造成一个好学之民族，那么中华民国亿万年之进步，亦于此得到有力的保证了。

原载 1946 年 6 月 6 日《时事新报·教师生活》第 16 期

十三、教育之研究

教育之新旧视乎研究

本校同学，知教育之重，设会研究。及至今日，人数倍增，则研究所得，必更昌宏，可为忭贺。

夫国之盛衰，视乎教育；而教育之新旧，视乎研究。守陈法而不革，拘故步而自封，则亦造成旧国，不适于新势而已。本会同人，踊跃如斯，研究之新颖，盖可预知也。苟全国人士研究教育者之数，亦若本会之与年增进，则亦何患不盛乎？然而亦难言矣。或假教育之名，而肆其政治之愿者，不乏其人；则虽置身教育之场，而其意不属，以为用役之才将操纵于天下，教育界不过其逆旅耳。逆旅之兴替，岂足当过客之盼哉？则教育之利害兴革，又岂若人之事哉？斯亦不足责矣！此政客之教育家，无补于事者一也。亦有笃守篇籍，罔知变通，其收效仍莫由光大。虽学术一道，不当废弃乎前言，而拘泥之失，何堪与言乎进步？此书生之教育家，无补于事者二也。

唯有以科学之方，新教育之事，庶几可耳！参酌古今，辨析毫芒，躬验体察；条理秩然，终身以之，勤劬专一，斯真教育之人矣。夫以科学方法研究教育，其遭遇困难，盖无异于哥伦布之探寻新地，立说而不见信，筹资而不见予，风涛险阻，蛮夷侵凌。其能卒底于成者，亦非偶然矣！

世间岂有难事哉？亦视研究者之专否耳！苟其心不专，不以教育为其毕生之业，浅尝轻试，又不遵科学之途术，则其事虽易，目所常见，亦将熟睹而无所创获，矧其难者乎？故有心之人，随时随地皆能触其教育之理而创新说。天下之事万变，斯新理之出无穷，人亦何患无用心之地哉？苟不实事求是，详加审谛，唯就前人之说以遵循之，则教育终无大昌之时也。至于徒袭外人之余绪，而不思自己有以考察之，亦可以自反矣！

原载 1918 年 10 月 5 日《南京高等师范日刊》

"伪知识"阶级（节选）

中国是有"伪知识"阶级。构成中国之伪知识阶级有两种成分：一是老八股派，二是洋八股派。这个阶级既靠伪知识骗饭吃，不靠真本领赚饭吃，便没有存在的理由。

这个阶级在中国现状之下已经是山穷水尽了。收买伪知识的帝王已经消灭，再也找不出第二个特殊势力能养这许多无聊的人。但因为惰性关系，青年们还是整千整万的向着这条死路出发，他们的亲友仍旧是拿着鞭儿在后面使劲地赶。可怜得很，这些青年个个弄得焦头烂额，等到觉悟回来，不能抢饭的便须讨饭。伪知识阶级的末路已经是很明显了，还用得着打倒吗？又值得拥护吗？

但是一班狡猾的"伪知识"者找着一个护身符，这护身符便是"读书"两个字。他们向我们反驳说："书也不应当读了吗？"社会不明白他们葫芦里卖的是什么药，也就随声附和地说："是啊！书何能不读呢！"于是"读书不忘救国，救国不忘读书"，便成了保障伪知识阶级的盾牌。所以不把读书这两个字说破,伪知识阶级的微生物便能在里面苟延残喘。我们应当明白,书只是一种工具,和锯子、锄头是一样的性质,都是给人用的。我们与其说"读书",不如说"用书"。书里有真知识和伪知识,读它一辈子,不能辨别它的真伪;可是用它一下,书的本来面目便显了出来,真的便用得出去,伪的便用不出去,也如同真的锯子才能锯木头,真的锄头才能锄泥土,假的锯子、锄头一用到木头泥土上去就知道它不行了。所以提到书便应说"用书",不应说"读书",那"伪知识"阶级便没得地方躲了。与"读书"联成一气的有"读书人"一个名词。这个名词,更要不得。假使书是应当读的,便应使人人有书读;决不能单使一部分的人有书读,叫做读书人,又一部分的人无书读,叫做不读书人。比如饭是应当吃的,应使人人有饭吃;决不能使一部分的人有饭吃,叫做吃饭的人;又一部分的人无饭吃,叫做不吃饭的人。从另一方面看,只知道吃饭,不成饭桶了吗?只知道读书,不成为有脚可以走路的活书架子了吗?我们为避免堕入伪知识阶级的诡计起见,主张用书不主张读书。农人要用书,工人要用书,商人要用书,兵士要用书,医生要用书,律师要用书,画家要用书,教师要用书,音乐家要用书,戏剧家要用书,三百六十行,行行都要用书。行行都成了用书的人,真知识才愈益普及,愈能发现了。书是三百六十行的公物,不是读书人所能据为私有的。等到三百六十行都是用书人,读书的专利营业便完全打破,读书人除非改行,便不能混饭吃了。这个日子已经来到,大家还不觉悟,只有死路一条。凡受过中国新旧教育的人,都免不了有些"伪知识"的成分和倾向。为今之计,我们应当痛下四个决心:

一、从今以后,我们应当放弃一切固有的伪知识;

二、从今以后,我们应当拒绝承受一切新来的伪知识;

三、从今以后,我们应当制止自己不要再把伪知识传与后辈;

四、从今以后,我们应当陪着后起的青年共同努力去探真知识的泉源。

最后,我要郑重地说:二十世纪后的世界,属于努力探获真知识的民族。凡是崇拜伪知识的民族,都要渐就衰弱以至于灭亡。三百六十行中绝没有教书匠、读书人的地位,东西两半球上面也没有中华书呆国的立足点。我们个人与民族的生存都要以真知识为基础。伪知识是流沙,千万不可在他上面流连忘返。早一点觉悟,便是早一点离开死路,也就是早一点走向生路。这种生死关头,十分显明,绝无徘徊迟疑之余地。起个取真去伪的念头,是走向生路的第一步。明白伪知识的买主已经死了,永不复生并且绝了种,是走向生路的第二步。以做"读书"人或"读书"先生为最可耻,是走向生路的第三步。凡事手到心到——在劳力上劳心,便是骑着千里驹在生路上飞跑了。

原载 1928 年 4 月上海亚东图书馆版《中国教育改造》

行是知之始

阳明先生说:"知是行之始,行是知之成。"我以为不对。应该是"行是知之始,知是行之成。"我们先从小孩子说起,他起初必定是烫了手才知道火是热的,冰了手才知道雪是冷的,吃过糖才知道糖是甜的,碰过石头才知道石头是硬的。太阳地里晒过几回,厨房里烧饭时去过几次,霜风吹过几次,冰淇淋吃过几杯,才知道抽象的冷。白糖、红糖、芝麻糖、甘蔗、甘草吃过几回,才知道抽象的甜。碰着铁,碰着铜,碰着木头,经过好几回,才知道抽象的硬。才烫了手又冰了脸,那末,冷与热更能知道明白了。尝过甘草接着吃了黄连,那末甜与苦更能知道明白了。碰着石头之后就去拍棉花球,那末,硬与软更能知道明白了。凡此种种,我们都看得清楚"行是知之始,知是行之成"。佛兰克林放了风筝,才知道电气可以由一根线从天空引到地下。瓦特烧水,看见蒸汽推动壶盖,便知道蒸汽也能推动机器。加利里翁①在毕撒②斜塔上将轻重不同的球落下，便知道不同轻重之球是同时落地的。在这些科学发明上，我们又可以看得出"行是知之始，知是行之成"。

"墨辩"提出三种知识：一是亲知，二是闻知，三是说知。亲知是亲身得来的，就是从"行"中得来的。闻知是从旁人那儿得来的，或由师友口传，或由书本传达，都可以归为这一类。说知是推想出来的知识。现在一般学校里所注重的知识，只是闻知，几乎以闻知概括一切知识，亲知是几乎完全被挥于门外。说知也被忽略，最多也不过是些从闻知里推想出来的罢了。我们拿"行是知之始"来说明知识之来源，并不是否认闻知和说知，乃是承认亲知为一切知识之根本。闻知与说知必须安根于亲知里面方能发生效力。

试取演讲"三八主义"③来做个例子。我们对一群毫无机器工厂劳动经验的青年演讲八小时工作的道理，无异耳边风。没有亲知做基础，闻知实在接不上去。假使内中有一位青年曾在上海纱厂做过几天工作或一整天工作，他对于这八小时工作的运动的意义，必有亲切的了解。有人说："为了要明白八小时工作就要这样费力的去求经验，未免小题大做，太不经济。"我以为天下最经济的事无过这种亲知之取得。近代的政治经济问题便是集中在这种生活上。从过这种生活上得来的亲知，无异于取得近代政治经济问题的钥匙。

"亲知"为了解"闻知"之必要条件已如上述，现再举一例，证明"说知"也是要安根在"亲知"里面的。

白鼻福尔摩斯里面有一个奇怪的案子。一位放高利贷的老头子被人打死后，他的房里白墙上有一个血手印，大得奇怪，从手腕到中指尖有二尺八寸长。白鼻福尔摩斯一看这个奇怪手印便断定凶手是没有手掌的，并且与手套铺是有关系的。他依据这个推想，果然找出住在一个手套铺楼上的

---

① 加利里翁，通译伽利略，意大利物理学家、天文学家。
② 毕撒，通译比萨，为意大利西部古城。
③ "三八主义"，也称"三八制"，即要求每天工作8小时、学习8小时、休息8小时。

科尔斯人就是这案的凶手,所用的凶器便是挂在门口做招牌的大铁手。他的推想力不能算小,但是假使他没有铁手招牌的亲知,又如何推想得出来呢?

这可见闻知、说知都是安根在亲知里面,便可见"行是知之始,知是行之成"。

十六年六月三日

原载 1929 年 7 月 30 日《乡教丛讯》第 3 卷第 12 期

对中国教科书的总批评①

我们试把光绪年间出版的教科书和现在出版的教科书比较一下,可以看出一件惊人的事实,这事实便是三十年来,中国的教科书枝节上虽有好些进步,但是在根本上是一点儿变化也没有。三十年前中国的教科书是以文字做中心,到现在,中国的教科书还是以文字做中心。进步的地方:从前是一个一个字的认,现在是一句一句的认;从前是用文言文,现在是小学用白话文,中学参用白话文与文言文;从前所写的文字是依着忠君、尊孔、尚公、尚武、尚实的宗旨,现在所写的文字是依着三民主义的宗旨。但是教科书的根本意义毫未改变,现在和从前一样,教科书是认字的书,读文的书罢了。从农业文明渡到工业文明最重要的知识技能,无过于自然科学。没有真正可以驾驭自然的力量。这些教科书不教你在利用自然上认识自然。它们不教你试验,不教你创造。把这些书仔细看一看,不由你又要惊讶了,你立刻发现它们只是党义识字书,只是党义论文书。

中国的教科书虽然以文字做中心,但是所用的文字不是第一流的文

---

① 篇名为编者所加。

字。山德孙先生在昂多学校里就不用教科书。他批评英国的教科书为最坏的书。中国初中以下的教科书不比英国的好。我读了中国出版的教科书之后，我的感想和山德孙先生差不多。我不能恭维中国初中以下的教科书是小孩子值得读的书。

中国的教科书，不但用不好的文字做中心，并且用零碎的文字做中心，每课教几个字，传授一点零碎的知识。学生读了一课，便以为完了，再也没有进一步追求之引导。我们读《水浒》《红楼梦》《鲁滨孙飘流记》一类小说的时候，读了第一节便想读第二节，甚至于从早晨读到夜晚，从夜晚读到天亮，要把它一口气读完了才觉得痛快。中国的教科书是以零碎文字做中心，没有这种力量。有人说，中国文人是蛀书虫。可是教科书连培养蛀书虫的力量也没有。蛀书虫为什么蛀书？因为书中有好吃的东西，使它吃了又要吃。吃教科书如同吃蜡，吃了一回，再不想吃第二回，连蛀书虫也养不成！可是，这也是编书人不会运用文字之过，不是文字中心之过。

文字中心之过在以文字当教育，以为文字之外别无教育。以文字做中心之教科书，实便于先生讲解，学生静听。于是讲书、听书、读书便等于正式教育而占领了几乎全部之时间。它使人坐而言，不使人起而行。教育好比是菜蔬，文字好比是纤维，生活好比是各种维他命（Vitamin）。以文字为中心而忽略生活的教科书，好比是有纤维而无维他命之菜蔬，吃了不能滋养体力。

引自《教学做合一下之教科书》，载1931年8月《中华教育界》第19卷第4期

思想的母亲

行动是思想的母亲,科学是从把戏中玩出来的。

杜威先生分析反省的思想之过程,列举了如下的步骤:(一)困难之感觉;(二)审定困难之所在;(三)设法解决;(四)在许多方法中选一最有效的试试看;(五)屡试屡验之后再下断语。这反省的思想之过程便是科学思想之过程。

我拿杜威先生的道理体验了十几年,觉得他所叙述的过程好比是一个单极的电路,通不出电流。他没有提及那思想的母亲。这位母亲便是行动。路走不通,才觉有困难。走不通而不觉得困难,这是庸人。连脚都没有动而心里却虚造出万千困难,这是妄人。走不通而发现困难,便想出种种法子来解决困难,不到解决不止,这是科学家。所以我要提出的修正是在困难之前加一行动之步骤。于是整个科学的生活之过程便成了:行动生困难,困难生疑问,疑问生假设,假设生试验,试验生断语,断语又生了行动,如此演进于无穷。懒得动手去做,那里会有正确的思想产生,又何能算是科学生活?

原载 1931 年 11 月 11 日《申报·自由谈》

教育研究法（节选）

夫教育之关系既如彼，教育家之天职又如此，则吾人之不能昧于斯道也明矣。盖教育之举措，悉当根据于学理。学理幽深，研究始明。教育学术，吾人所宜研究，庶南辕无北辙之虞，奏刀有理解之效也。

虽然，独学寡闻，千虑一失，集会琢磨，厥利有三：一、可以交换知识也。盖集众人之才力经验，共研所学，则切磋观摩，互资考鉴，学理因辩难而大明，知识以互易而愈广矣。二、彼此可以鼓励也。学理深邃，则玄眇难明；事业恢宏，则困阻恒多。畏难者见而步却，虑失者当之心灰。苟集会攻研，则彼此激励，中阻无碍矣。三、可以互益兴趣也。盖治学以兴趣为主。兴趣愈多，则从事弥力；从事弥力，则成效愈著。然离群独立，索然寡欢，困难偶及，兴阻中途。苟集会研究，则彼此激励，兴味时增，无此弊矣。

然则研究之道，果何在乎？今仅就管见所及，约略言之，以资考证。一、疑难须发乎中，标题须择其要。发于中，则蕴蓄有素，心得恒多；择其要，则真实不虚，言皆切中。譬一人焉，始则多数问题，蕴蓄于中，继乃举其无关教育，涉及专门，繁杂难理鲜趣乏资料者，依次汰除，则所存者，莫非普通应用、平易切实、兴味饶足、研资丰厚者已。二、问题既拟，则必征求知识以解决之。征求知识之法，就主观言之，约有三端。一曰虚心：虚心则成见消除，不为物蔽，休休相容，唯真理之是求；二曰留心：留心则社会环象，随在考察，不仅恃载籍以资考证；三曰专心：专心则精敛神萃，致力一途，不扰于物，易底于成。若就客观言之，则亦有三。一曰明辨：盖资料杂陈于前，苟不明辨剖析，以别其用途，则取舍不当，必有留珠遗瓦之憾；二曰比校：比校则古今中外之异同，因果是非之轨迹，同时并观，了如指掌；三曰统列：统列则纪录之资料，进化之事实，群分类聚，条理井然矣。

且征求知识之方法，亦随知识之性质而异。知识有新有旧，有已有者，有本无者。征求已有之旧知识，有二法。一曰交谈问答：盖交谈学理，彼此之意见融通，问答辩难，事物之真理阐发，其助学识诚非浅鲜；二曰读书：读书多，则积理富，积理富，则随时应用，绰有余裕矣。但专事征求旧知识，则世界无进化，欲求世界进化，非探觅新知识不为功。探觅新知识之法亦有二。一曰观察：观察愈力，则物感愈众，天文等学之发明，俱赖于是；二曰试验：试验者，自设景况，产生结果，以为学理之佐证也。一须统束各种情况，使之纯一不杂；二宜活动其一，使为主因。非然者主因之外，又杂他因，则结果难确矣。故教育家欲比较两教授法之优劣，则课堂之设备同，课本之教材同，时间教师同，其他教法同，以及学生之年龄、男女、程度、家境同，然后施各异之教法，而后可知其结果之究孰优孰劣也。然则欲教育之进步，须先有正当之试验家，施行精密之试验术也明矣。此外，复将一事之结果内容，条分缕析，开会逐一讨论，决不可模糊影响，混合而言。

原载1918年6月《金陵光》第9卷第5期

十四、学生的精神

学生自治的需要[①]

今日的学生，就是将来的公民；将来所需要的公民，即今日所应当养成的学生。专制国所需的公民，是要他们有被治的习惯；共和国所需的公民，是要他们有共同自治的能力。中国既号称共和国，当然要有能够共同自治的公民。想有能够共同自治的公民，必先有能够共同自治的学生。所以从我们国体上看起来，我们学校一定要养成学生共同自治的能力，否则不应算为共和国的学校。这是第一点。

当今平民主义的潮流，来势至为猛烈，受过它的影响的人，都想将一切的束缚尽行解脱。这固然有他的好处，不过也有他的危险。好处在那里？大家从此可以充分发挥个人的精神，促进人群的进化。危险在那里？束缚既然解脱，未必人人能够约束自己的欲望，操纵自己的举止，一旦精神能力向那坏处发泄，天下事就不可为了。一国当中，人民情愿被治，尚可以苟安；人民能够自治，就可以太平；那最危险的国家，就是人民既不

[①] 篇名为编者所加。

愿被治，又不能自治。所以当这渴望自由的时候，最需要的是给他们种种机会得些自治的能力，使他们自由的欲望可以自己约束。所以时势所趋，非学校中提倡自治，不足以除自乱的病源。这是第二点。

我们既要能自治的公民，又要能自治的学生，就不得不问问究竟如何可以养成这般公民学生。从学习的原则看起来，事怎样做，就须怎样学。譬如游泳，要在水里游；学游泳，就须在水里学。若不下水，只管在岸上读游泳的书籍，做游泳的动作，纵然学了一世，到了下水的时候，还是要沉下去的。所以专制国要有服从的顺民，必须使做百姓的时常练习服从的道理；久而久之，习惯成自然，大家就不知不觉的只会服从了。共和国要有能自治的国民，也须使做国民的时常练习自治的道理；久而久之，习惯成自然，他们也就能够自治了。所以养成服从的人民，必须用专制的方法；养成共和的人民，必须用自治的方法。如果用专制的方法，可以养成自治的学生公民，那吗，学生自治问题，还可以缓一步说；无奈自治的学生公民，只可拿自治的方法将他们陶熔出来。所以从方法这方面着想，愈觉得学生自治的需要了。这是第三点。

引自《学生自治问题之研究》，原载 1919 年 10 月《新教育》第 2 卷第 2 期

施行学生自治应注意之要点①

现在各学校对于学生自治，多愿次第举行。我悉心观察，觉得有几件最要紧的事件，必先预为注意，方能发生美满的效果。

第一，学生自治是学校中一件大事，全体学生都要以大事看待他，认真去做，学校里也须以大事看待他，认真赞助，若以为他是寻常小事，不

---

① 篇名为编者所加。

加注意，没有不失败的。

第二，学生自治如同地方自治。地方自治之权，出于中央，学生自治之权，出自学校。所以学生自治，虽然可以由学生发动，但是学校认可一层，似乎也是应有的手续。

第三，学生自治之有无效力，要看本校对于这个问题是否有相当了解兴味。如果大家都明白他的真意，都觉得他的需要，那吗，行出来必能得大家的赞助。所以未举行学生自治之前，必须利用演讲、辩论、谈话、作文等等养成充分的舆论。

第四，法是为人立的：含糊启争，故宜清楚；繁琐害事，故宜简单。

第五，推测一校学生自治的成败，一看他的领袖就知道。所以要提高学生自治的价值，就须使最好的领袖不得不出来服务。如果好的领袖洁身自好，或有好的领袖而大众不愿推举，都不是自治的好现象。

第六，学校与学生始终宜抱持一种协助贡献的精神。

第七，学校与学生对于学生自治问题，须采取一种试验态度，章程不必详尽，组织不必细密；一面试行，一面改良；虽然中途难免挫折，但到底必有胜利。

总之学生自治，是共和国学校里一件重要的事情。我们若想得美满的效果，须把他当件大事做；当个学问研究；当个美术去欣赏。当件大事做，方才可以成功；当个学问研究，方才可以进步。这两种还不够。因为自治是一种人生的美术：凡美术都有使人欣赏爱慕的能力；那不能使人欣赏的、爱慕的，便不是真美术，也就不是真的学生自治。所以学生自治，必须办到一个地位，使凡参与和旁观的人，都觉得他宝贵，都不得不欣赏他，爱慕他。办到这个地位，才算是高尚的人生美术，才算是真正的学生自治。

引自《学生自治问题之研究》，原载1919年10月《新教育》第2卷第2期

学生的精神（节选）

知行此次因全国教育联合会事来湘，今天得与诸君见面，这是很愉快的。知行是世界的学生，诸君是学校的学生。有些谈论也许诸君是不愿听的。但是"忠言逆耳利于行"，诸君或者能够原谅。

我现在要讲的题目，就是《学生的精神》。在我未说这个题目之前，有点意思对诸君说一说：现在中国学生及一般教员，有一个很大的通病，就是容易"自满"。不论研究何种学科，只有相当的了解，即扬扬自得、心满意足，尤其是在过教员生活的，觉得自己处在教师地位，不必再去用功研究了。中国"四书"上有两句话说："学而不厌，诲人不倦。"这真是千古不灭的格言，并且是两句不能分开的话。因为要"学而不厌"，才能够做到"诲人不倦"。倘若当教师的，自己天天去研究，有所得的，即随时输之于学生，如此则学生受益较多，即当教师者也觉得有无穷的乐趣。所以学生求学，固然要"学而不厌"，就是当了教员，还是要继续的"学而不厌"。这可说是我现在要讲的"学生精神"的先决问题。

现在开始来讲《学生的精神》了。学生精神大约分为三点：

（一）学生求学须具有科学的精神　我们不论研究什么学科，总要看一个明白，想一个透彻，多发些疑问，切不可武断盲从。例如别人要我们信仰国家主义，我们必须明了国家主义的内容是否合于现代社会，才定信仰不信仰的方针。其他，社会主义亦然，无政府主义亦然……尤其我们研究科学之时，碰到一个问题来了，"知之则知之，不知则不知"。因为我们知道自己不知的地方，那还有能够知道的一日；倘若不知的而认以为知，那末，不知道的终究没有知道的日子了。这可说是自己斩断自己求学的机能。所以我们学生求学，第一步就要有科学的精神。

（二）要改造社会必具有委婉的精神　我们在任何环境里面做事，不可过于急进。譬如园丁栽花木，倘只执一镰斧，乱砍荆棘，那末，非用委婉的功夫不可。改造社会也是一样。尤其是我们学生，因为领导民众的中坚分子，倘用乱刀斩麻的手段，必引起一般民众起畏惧之心，怎样还讲得社会改造？所以我们要社会改造，也需要用委婉的精神，走到民众前头，慢慢地领他们向前走，并且还要告示他们向前走的方法。如此才有社会改造的希望。不然，任你如何轰轰烈烈倡社会改造，社会还是不能改造的。

（三）应付环境必具有坚强人格和百折不回的精神　我们处在任何环境里面，必抱有坚强人格，不可自由摇动，尤其到了利害生死关头之时，必富有"富贵不能淫，贫贱不能移，威武不能屈"的气概。这才算是一个真正的大丈夫，真正的国民。现在中国一班学生——其实不仅是学生——在普通情形的时候，各人的性格，好像没有多大的区别。但到危急存亡利害相冲的关头，就看得清清楚楚，各人露出自己的本来面目。中国民众的不能团结，这就是一个很大的原因。所以我们处在任何的环境里面，坚强不摇的人格及不屈不挠的精神，决不能少的，尤其在我们学生时代。

学生的精神，大概分为上列三点。我觉得在今日的学生中，是亟宜注意的。因时间仓促，说得不周到处，请诸君原谅！

原载 1925 年 12 月 1 日《民国日报》

学做一个人

我要讲的题目是：《学做一个人》。要做一个整个的人，别做一个不完全、命分式的人。中国虽然有四万万人，试问有几个是整个的人？诸君试想一想："我自己是不是一个整个的人？"

《抱朴子》上有几句话："全生为上；亏生次之；死又次之；不生

为下。"

但是何种人算不是整个的人呢？依我看来，约有五种：

（一）残废的——他的身体有了缺欠，他当然不能算是整个的人。

（二）依靠他人的——他的生活不是独立的；他的生活只能算是他人生活的一部分。

（三）为他人当做工具用的——这种人的性命，为他人所支配，没有自己独立的人格。

（四）被他人买卖的——被贩卖人口所贩卖的人，就是猪仔；或是受金钱的贿赂，卖身的议员就是代表者。

（五）一身兼管数事的——人的一分精神只能专做一件事业，一个人兼了十几个差使，精神难以兼顾，他的事业即难以成功，结果是只拿钱不做事。

我希望诸君至少要做一个人；至多也只做一个人，一个整个的人。做一个整个的人，有三种要素：

（一）要有健康的身体——身体好，我们可以在物质的环境里站个稳固。诸君，要做一个八十岁的青年，可以担负很重的责任，别做一个十八岁的老翁。

（二）要有独立的思想——要能虚心，要思想透彻，有判断是非的能力。

（三）要有独立的职业——要有独立的职业，为的是要生利。生利的人，自然可以得到社会的报酬。

我觉得中学生有一个大问题，即是"择业问题"。我以为择业时要根据个人的才干和兴趣。做事要有快乐，所以我们要根据个人的兴趣来择业。但是我们若要做事成功，我们必要有那样的才干。

我曾作了一首白话诗，说人要有独立的职业：

滴自己汗，吃自己的饭。

自己的事，自己干。

靠人，靠天，靠祖先，都不算好汉。

现在我们专讲"学"和"做"二个字，要一面学，一面做。"学"和

"做"要连起来。英语 Learn by doing，也就是这个意思。我们要应用学理来指导生活，同时再以生活来印证学理。

将来诸君有的升学，有的就职业，但是为学的方法全要研究。学农的人要有科学的脑筋和农夫的手；学工的人，也要有科学的脑筋和工人的手。这样他才可以学得好。

我希望到会的个人，是四万万人中的一个人。诸君还要时常想：

中国有几个整个的人？

我是不是一个整个的人？

原载 1926 年 2 月 28 日《生活周刊》第 1 卷第 19 期

预备钢头碰铁钉

——给吴立邦小朋友的信

立邦小朋友：

接读你的好信，如同吃甘蔗一样，越吃越有味。

世上有十八岁的老翁，八十岁的青年。要想一世到老都有青年的精神，就须时常与青年人往来，所以我很愿意和青年人通信，尤其欢喜和小孩子通信。平时得了小孩子一封信，如得奇宝；看过了即刻就写回信；回了信就把它好好地收藏起来，每逢疲倦的时候，又把它打开一读，精神就立刻加增十倍。小朋友的信啊，你是我精神的泉源！

国家是大家的。爱国是个个人的本分。顾亭林[①]先生说得好："天下兴亡，匹夫有责。"我觉得凡是脚站中国土地，嘴吃中国五谷，身穿中国衣服的，无论男女老少，都应当爱中国。不过各人所处地位不同，爱国的方法也不能尽同。小孩们用心读书，用力体操，学做好人，就是爱国，今天

[①] 顾亭林，即顾炎武。清初著名思想家、教育家。世称亭林先生。

十四、学生的精神

多做一分学问，多养一分元气，将来就能为国家多做一分事业，多尽一分责任。你说等到年纪长大点也要服务社会，这是很好的志尚，社会的范围很不一定，大而言之就是天下；小一点就是国家；再小就是一省，一县，一村；再小就是我们自己的家庭。大凡服务社会，要"远处着眼，近处着手"。学生在学习服务社会的时候，就可以从自己的家里学起，做起。一面学，一面做；一面做，一面学。我们在家里服务的事也很多，把不识字的家庭化为识字的家庭，就是这许多事当中的一种。府上既住在学校左近，这就是你自己家里试办平民教育的机会。家庭里的平民教育适用连环教学法，你可请教令亲鸣岐①先生。家里办好了，再推广到左右邻居，这事就是治国平天下的入手办法。

你信上说到贵处的老太婆们如何顽固，如何不易开通，这也是自然的现象。我们在社会上做事就要预备碰钉子。我在这几个月当中，也碰了四五个钉子。碰钉子的时候有两个法子解决：第一是硬起头皮来碰，假使钉是铁做的，我们的头皮就要硬到钢一样，叫铁钉一碰到钢做头皮上就弯了起来；第二是要把我们的热心架起火来，把钉子烧化掉。我们只怕心不热，不怕钉子厉害，你看如何？

你说，隆阜平民学校有个六十九岁的老太太也报名了。这是我们平民教育的大老了。陈鹤琴先生的老太太现在六十五岁，也读《千字课》。安徽教育厅里，夫役读《千字课》的也有二位六十五岁的老翁，我亲自教了他们两课。晏阳初先生说他最老的学生是六十七岁。所以隆阜那位老太太是我们平民教育最老的学生。请你把她的姓名告诉我。我要叫天下人都晓得这件事，好叫那些年富力强的人都发奋起来。再请你代我向这位老太太表示敬意，从前中国有七十岁的老状元，现在有七十岁的老学生，老识字国民，岂不是一件最可庆贺的事吗？如果你能时常的去帮助这位老太太学习，那就更加好了。你说徽州没有好的男学校，所以暂在隆阜读书。歙县第三中学办得不错，教员皆是有学问有经验的，明年可以试试看。

承你的好意，叫我回徽州来帮助大家提倡平民教育。这句话触动了我

---

① 鸣岐，即金明岐，时任安徽第四女子师范英语教师兼教导主任。

无限的感慨：我已经离开家乡十三年，恰好和你的年岁相等。每次读渊明公的《归去来辞》，就想回来一趟，但是总没有功夫。因为来往要一个月，我是个很忙的人，怎样可以做得到呢？今年夏天，南京来了四架飞机，我就想借用一架飞回徽州，半天可以来往。管飞机的人说徽州平地少，不易下来，只好将来再谈。现在休宁金猷澍慰依先生制造一种浅水艇，如果办得成功，从杭州到屯溪只要十八个钟头。我现在一面学游水，一面等金慰依先生的计划成功。我想我不久总要回来看看我的亲戚朋友，特别要看的是小朋友。不过小朋友们看见我怕要像下面两句诗所说的景况："儿童相见不相识，笑问客从何处来。"

现在已经夜深了，后来再谈。敬祝康健！

知行

十三年一月五日在联和船上写的

原载 1929 年 7 月上海亚东图书馆版《知行书信》

新旧时代之学生

旧时代之学生之生长的过程有三个阶段：

一是读死书；

二是死读书；

三是读书死。

新时代之学生也离不了书，所不同的是，他是：

用活书；

活用书；

用书活。

什么是活书？活书是活的知识之宝库。花草是活书。树木是活书。飞禽、走兽、小虫、微生物是活书。山川湖海、风云雨雪、天体运行都是活书。活的人、活的文化、活的武功、活的世界、活的宇宙、活的变化都是活的知识之宝库，便都是活的书。

活的书只可以活用而不可以死读。新时代的学生要用活书去生产，用活书去实验，用活书去建设，用活书去革命，用活书去树立一个比现在可爱可敬的社会。在活的社会里，众生都能各得其所，何况这个小小的我当然也是跟着大众一块儿，欣欣向荣的活起来了。

原载 1931 年 11 月 26 日《申报·自由谈》

手脑相长（节选）

我以为世界上最有贡献的人只有一种，就是头脑能指挥手指行动的人。中国都是用头脑的人不用手，用手的人不用头脑。年成虽好，农民生计仍很苦，这因为他们的头脑不会去想。一般人读书都是读死书，死读书，读书死。日本人打进来了，我们只会喊口号。可是我们干了几十年，到现在所用的电灯，所坐的汽车，都是外国人做的。我们自己不会造出来，这是什么缘故？这因为书呆子不去干科学的事业，因他不用手去试验，不用手去创造。一定要四万万人用手推动机器，才能把中华民国创造起来。头脑帮手生长，手帮头脑生长。

中国有两种病。一种是"软手软脚病"，一种是"笨头笨脑病"。害"软手软脚病"的人，便是读书人，他的头脑一定靠不住，是呆头呆脑的。而一般工人农民都是害的"笨头笨脑病"，所以都是粗手粗脚。一个人要有贡献于社会，一定要手与脑缔结大同盟。然后，可以创造，可以发明，可以建设国家，可以把东三省拿回来！要东三省拿回来，没有这么容易，必须要用手去拿回来！

现在再讲脚。脚也要动动。从前女子绕小脚，用布包包。现在学外国新法绕小脚，应用几何学原理，高跟皮鞋就是一种几何三角形的道理。穿了这种皮鞋，脚不易走动了，弄得不好，就要跌交。这样的女国民，能与日本去奋斗吗？多一个人穿高跟皮鞋就是少一个人去奋斗。要解放脚，非打倒高跟皮鞋不可。要解放手，非打倒手套不可。新近我写了一首歌，知道的人已很多了。现在再来背一下：

"人身两个宝，双手与大脑。用脑不用手，快要被打倒，用手不用脑，饭都吃不饱。手脑都会用，方是开天辟地的大好佬。"

这大好佬，人人都会做！只要两只手拿出来用就行。中华民国不是几千个人几万个人所能做得好的。一定要四万万人都来推动机器，才可创造成功！这非用手不可。

今天所讲的可归纳为三点：（一）脑与手联合起来才能产生力量；（二）力要在自卫政策上表现出来；（三）科学生产上头才把这力量表现出来。西洋人的耳朵只听得进的一个字，就是"力"字。你有力，他们听你；你没有力，他们不听你。

现在，我还有四句话要说，就是：

"不愿做工的，不配吃饭；不愿抵抗的，不算好汉。"

原载 1933 年 1 月 16 日《新社会半月刊》第 4 卷第 2 号